AF404606

INJUSTICE

TRÈS CONDAMNABLE

DE L'ÉVÊQUE DE BAYONNE

ENVERS

L'ABBÉ RACHOU

Tant que l'abbé Rachou sera dans une ville, sa brochure se trouvera en dépôt chez les principaux libraires.

PRIX : 75 CENTIMES

PAU

IMPRIMERIE & LIBRAIRIE A. TONNET

Place des Écoles (Cirque)

1882

INJUSTICE

TRÈS CONDAMNABLE

DE L'ÉVÊQUE DE BAYONNE

ENVERS L'ABBÉ RACHOU.

AVIS.

Je vends ma brochure un peu cher, parce que je crois être sûr que je réaliserai autant de bénéfices en la vendant un peu cher qu'en la vendant meilleur marché, quoique j'en débite nécessairement beaucoup moins. Mais comme elle n'est pas faite pour produire du bien au point de vue de la religion, je préfère en placer moins d'exemplaires, afin que le mal causé par mes plaintes légitimes soit moins grave. D'ailleurs en la vendant un peu cher, ce seront les personnes ayant une plus grande éducation qui se la procureront, plutôt que les ouvriers et les personnes du peuple. Et cela me va mieux pour le but que je veux atteindre, qui est de faire comprendre la légitimité de ma cause, surtout par les personnes intelligentes.

INDICATION

POUR MES DEUX CATÉGORIES DE LECTEURS,

des endroits de ma brochure les plus utiles à parcourir.

1° A ceux qui me liront sans avoir des préoccupations religieuses, je recommande les titres suivants : III. Je veux obtenir le triomphe du droit contre l'arbitraire de mon évêque. — IV. Mes 29 jours de prison font presque ma gloire. — V. Ce n'est pas ma soutane, mais Monseigneur que mes plaintes publiques déshonoraient dans les rues de Bayonne. — VI. Monseigneur, parce que je veux lui forcer la main, n'acquiert pas le droit de tout me refuser. — X. Mon évêque se croira-t-il obligé de reconnaître mon droit, si je continue à lui forcer la main ? — Serai-je le pot de terre se brisant contre le pot de fer ? — XIII. Mon évêque me fait une injustice en m'empêchant de célébrer et en me refusant un poste. — XIV. Plusieurs raisons démontrent la légitimité de l'appel à l'opinion publique.

2° A ceux qui sont portés à se mettre sans examen du côté de mon évêque et à se déclarer contre moi, je recommande les titres suivants : I. Raisons qui doivent porter les personnes religieuses à acheter ma brochure. — VIII. L'obstination de Monseigneur à me refuser justice est très condamnable — les amis de la religion devraient pétitionner pour la faire cesser. — IX. Si mes plaintes publiques me rendaient mauvais prêtre, le Pape me les aurait fait défendre ; au contraire une lettre des siennes les suppose légitimes. — X. Mon évêque se croira-t-il obligé de reconnaître mon droit, si je continue à lui forcer la main ? — Serai-je le pot de terre se brisant contre le pot de fer ? — XV. Le scandale de mes plaintes ne retombepas sur moi, mais uniquement sur Monseigneur. — XVI. Dieu veut que je fasse triompher le droit.

Qu'on se donne la peine de jeter les yeux sur la table que j'ai fait mettre à la fin de la brochure. On y trouvera l'indication des pages où se trouvent les titres divers que je viens de recommander. J'engage les lecteurs qui n'auront pas le temps de tout lire, à choisir dans les titres de la table ceux qu'il leur paraîtrait plus intéressant à parcourir tout d'abord.

1. Raisons qui doivent porter les personnes religieuses à acheter ma brochure.

1° Mes plaintes publiques ne sont pas certainement contraires aux lois de l'Eglise ni au bien de la religion. — Il y a 11 mois que je travaille en vain à obtenir de Monseigneur Ducellier, évêque de Bayonne, qu'il me traite selon la justice, qu'il me rende la faculté de dire la messe dont il me prive sans motif et qu'il ne me poursuive pas de ses rigueurs, pour mon courage à exiger qu'il respecte mes droits. Depuis 3 mois j'ai parcouru jusqu'ici 9 villes de mon département, y compris la ville épiscopale de Bayonne. J'y ai vendu beaucoup d'exemplaires d'une brochure dont j'ai épuisé la première édition. J'y ai prononcé aussi bien des allocutions publiques, pour me plaindre de ce que mon évêque ne voulait pas se conduire envers moi comme la religion l'exige.

Avant d'entreprendre cette campagne si funeste à mes propres yeux pour l'intérêt de la religion, j'ai fait tout au monde pour n'être pas obligé d'en venir à une pareille extrémité. J'ai écrit peut-être une dizaine de fois à mon évêque que s'il obtenait du Pape une déclaration établissant que les plaintes publiques, telles que je les ai produites et par ma brochure et par ma parole dans les rues des villes, étaient contraires aux droits de mon évêque, ou aux lois de l'Église, ou au bon gouvernement de l'Église, je ne me permettrais pas pour rien au monde d'agir comme je l'ai fait.

Je tiens à la religion par dessus tout ; je me sens les inclinations d'un bon prêtre, par instinct plutôt que par vertu. J'ai été toujours très décidé à faire le sacrifice de mes intérêts, plutôt que de les faire triompher par des moyens qui seraient nuisibles au bien de la religion. C'est ce que j'ai dit plusieurs fois, et à mon évêque de Bayonne, et à l'archevêque d'Auch, supérieur hiérarchique de mon évêque et le mien, et au Nonce de Paris chargé de veiller sur tout ce qui se passe de grave dans l'Eglise de France, et au Pape lui-même à qui j'ai écrit à cinq reprises différentes, pour provoquer la condamnation des principes qui dirigent ma conduite, dans le cas où leur application pratique porterait préjudice aux intérêts de la religion. J'ai informé plusieurs fois ces divers supérieurs hiérarchiques de tout ce que je faisais et de tout ce que je me proposais de faire: Je n'ai pas voulu qu'on pût m'accuser de porter des coups de surprise contre l'honorabilité de mon évêque, dont je ne comprends pas l'obstination à me refuser une justice qu'il me doit.

Et je puis le dire avec assurance. Si j'en excepte mon évêque de Bayonne, pas un de ces supérieurs ne m'a écrit une seule ligne pour me dire que je faisais fausse route, et que j'employais pour obtenir justice des moyens qui n'étaient pas dans mon droit.

Mon évêque de Bayonne, comme je l'ai dit, savait que j'étais prêt à renoncer aux moyens éclatants qu'il me voyait très-décidé à mettre en œuvre, s'il obtenait du Pape une lettre qui désapprouvât ma manière de faire. Croira-t-on que Monseigneur Ducellier n'a pas cherché à se procurer une pareille lettre, s'il a espéré pouvoir l'obtenir? Ce serait supposer que cet évêque ne sait pas comprendre les intérêts de son honorabilité, ou qu'il est tout-à-fait indifférent au bien de la religion, à qui le langage sévère de ma brochure et mes plaintes publiques très-légitimes de ma part ne peuvent pas être profitables. On ne peut pas admettre non plus que l'Archevêque d'Auch, ni le Nonce de Paris, ni le Pape lui-même avertis tant de fois par moi-même de mes agissements, fussent restés dans le silence, s'ils devaient me défendre dans l'intérêt de la religion les moyens éclatants dont je fais usage, pour que mon évêque ne puisse pas se moquer impunément de mes droits, ni de mes titres de recommandation.

Il faut donc conclure, si l'on veut faire de la logique, que mes plaintes au public sont dans l'exercice légitime de mon droit et que le bien de la religion ne demande pas que je renonce à ce moyen très-fâcheux sans contredit, pour obtenir une justice qui m'est dûe.

Dès lors qui voudrait prétendre que je fais œuvre de mauvais prêtre en agissant pour la défense de mon droit, comme le Pape et les lois de l'Eglise me permettent de le faire? Ne doit-on pas dire au contraire, que Monseigneur Ducellier fait œuvre de mauvais évêque, en ne voulant pas se conduire envers moi comme la justice le voudrait, pour mettre un terme au scandale très-grand qu'il cause par son refus à me traiter selon mon droit, et pour faire cesser mes plaintes publiques dont il est obligé de reconnaître la légitimité?

2o Promesse que je fais aux personnes qui achèteront ma brochure, principalement pour m'être agréable ou pour me rendre service, ou pour participer à une bonne œuvre, — Je ne devrai rien à ceux qui auront acheté ma brochure par pure curiosité. S'ils veulent avoir part aux prières que je promets aux autres, ils devront en acheter une seconde. Je m'engage à me faire un devoir sacré de recommander à Dieu tous les jours à la messe, comme des bienfaiteurs, comme ayant participé à une bonne œuvre, toutes les personnes qui auront pris une brochure, principalement pour faire une bonne œuvre, ou pour me procurer une plus grande vente, et à consacrer 5 pour 100 des bénéfices nets que je réaliserai à dire des messes à leur intention. Ainsi sur 100 fr. de bénéfices, je devrais réserver 5 fr. pour des messes, et sur 1,000 fr. je devrais y employer cinquante francs.

Ceux qui m'achèteront ainsi mon imprimé feront une bonne œuvre, en me fournissant les moyens de faire de plus grands bénéfices que je veux consacrer, du moins la moitié à des bonnes œuvres.

Quoique aujourd'hui je sois dépouillé de ma soutane et que je ne dise pas la messe, il est très-sûr que je reprendrai ma vie de prêtre, ou vainqueur ou vaincu. Si je gagne mon procès, Monseigneur sera obligé de me rendre la messe et de me promettre un poste de curé, sans m'infliger aucune punition pour mes plaintes publiques. Si c'est Monseigneur qui triomphe, je devrai lui faire des excuses, lui accorder toutes les réparations d'honneur qu'il exigera et accepter toutes les pénitences qu'il lui plaira de m'imposer. Et puis il devra me rendre la faculté de reprendre l'habit ecclésiastique et de célébrer la sainte messe.

S'il se refusait à le faire, il violerait mes droits les plus sacrés; et je pourrais me plaindre au Pape qui lui donnerait une rude leçon. A tout pêcheur miséricorde, dit un proverbe connu de tous. Et la religion ne permet pas de refuser le pardon à celui qui le réclame, en voulant remplir toutes les conditions qu'on exige de lui.

Pour rien au monde je ne voudrais cesser de figurer parmi les membres du clergé, après que ma lutte sera parvenue à son terme. Et je n'éprouverai aucune répugnance pour accepter les conditions le plus dures, dans le cas où mes efforts pour faire triompher le droit n'aboutiraient point.

Les épreuves par lesquelles je suis passé depuis huit ou dix ans, par suite de mes goûts personnels qui n'ont pas réussi, et depuis sept mois par ma lutte si sérieuse avec Monseigneur, m'ont obligé à m'imposer de grandes privations et à réduire mes dépenses sur tout. J'ai pris goût à ce genre de vie qui était pour moi une nécessité de position, et je me suis obligé sous peine de péché mortel, à vivre pendant deux ans, de la manière la plus simple, pour mériter d'avantage les bénédictions de Dieu et me rendre digne d'avoir, comme prêtre, un ministère plus fructueux. Voici en quels termes j'ai donné connaissance de ce vœu à Monseigneur Ducellier, le 25 Janvier dernier.

« En présence de Dieu invoqué comme témoin, je déclare à
« Votre Grandeur: 1° Que je me suis engagé par vœu grave pour
« deux ans, à faire maigre et à ne pas boire du vin, excepté une
« fois par mois et les jours de fête, à moins que des besoins réels
« ne me demandent le contraire. Je pourrai faire exception à
« cette règle, lorsque je serai en voyage, ou que je ne serai pas
« chez moi, ou que j'aurai des personnes pour manger à ma
« table. Je pourrai encore me permettre de manger, comme
« viande, du lard, qui est la nourriture la plus commune et la
« plus habituelle des paysans même aisés de nos campagnes ;
« 2° Que mon intention bien arrêtée est de continuer un pareil
« genre de vie après les deux ans écoulés, et à renouveler mon
« vœu sur ce point, si l'expérience et les circonstances ne m'y
« font pas trouver des inconvénients ; 3° Que je ne me suis nul-
« lement imposé ces mortifications dans le but d'inspirer plus de
« confiance dans ma lutte contre mon évêque, mais uniquement

« pour obéir à mes attraits et pour me rendre plus digne de mon
« Dieu ; 4° Que pendant mes voyages pour vendre mes brochures
« destinées à obtenir justice de votre Grandeur, je vivrai dans la
« plus grande simplicité, tous les jours de la semaine excepté le
« dimanche, en ne me permettant pas de boire du vin, si ce n'est
« pour quelque motif d'utilité particulière que je prévois, à
« moins que l'eau de telle ou telle ville ne me soit nuisible. 5°
« Qu'en conséquence j'aurai pour principe de ne pas m'installer
« dans les hôtels importants des villes ou je me trouverai: 6° Que
« je me suis engagé par vœu grave à placer en rentes viagères
« dont mes héritiers par conséquent ne pourront pas profiter, la
« moitié des bénéfices qu'il me sera possible de réaliser avec la
« vente de ma brochure, si Votre Grandeur s'obstinait pendant
« longtemps à ne pas me traiter selon mon droit, et à en employer
« les revenus à faire de bonnes œuvres, si je n'en ai pas besoin
« pour pourvoir aux nécessités d'un modeste entretien. Je pour-
« rai d'abord employer cet argent à payer mes dettes ; mais je
« devrai cependant vivre avec économie, comme si je ne les avais
« pas payées, jusqu'à ce que j'aie placé en rente viagère la moitié
« des sommes qui me représenteront les bénéfices réalisés à
« l'occasion de ma brochure ; 7° Que je me suis obligé, d'une ma-
« nière grave, à me faire un devoir de prier tous les jours et de
« dire les messes que j'ai indiquées plus haut, à l'intention des
« personnes qui n'auront pas pris ma brochure principalement
« pour satisfaire leur curiosité. . »

Voilà tout autant de choses que j'ai affirmées par serment à
mon évêque. D'après l'enseignement catholique, je suis, en conséquence, obligé à observer ces points sous peine de péché
mortel, d'autant plus que j'en ai fait aussi la matière d'un vœu.

3° Mes droits à la confiance des personnes religieuses. — Pour que
ces personnes puissent savoir d'avantage jusqu'à quel point je
suis un bon prêtre, je les engage à lire ce que je dis au titre
XVI intitulé: *Dieu veut que je fasse triompher le Droit*. Ce que
j'affirme là sous l'autorité du serment, prouve que Dieu m'a
donné une nature des plus heureuses au point de vue des inclinations morales, que j'ai par instinct plutôt que par vertu des
intentions très-droites, des vues très-nobles, l'unique passion du
bien et de la justice, le mépris naturel et par conséquent facile
de ma propre gloire et de l'estime des hommes; que pour rien
au monde je ne voudrais arriver au triomphe de ma cause, si la
conscience me reprochait l'emploi des moyens dont je me sers;
que je serais prêt à faire le sacrifice de tous mes intérêts personnels, si le bien de la religion et le bon gouvernement de l'Église
demandaient que je renonçasse aux plaintes publiques pour obtenir de mon évêque la reconnaissance de mon droit; que Dieu
doit vouloir nécessairement que je me constitue le défenseur décidé du droit contre les exigences des passions humaines de
mon évêque.

*4° Les évêques de France ne respectent pas toujours assez les
droits des prêtres.* Depuis la grande révolution, les évêques de
France, en général très recommandables et très dignes sans con-

tredit, gouvernaient les prêtres et leurs diocèses d'après leurs vues personnelles, et non d'après les principes du droit canon c'est-à-dire des lois ecclésiastiques qu'ils ne faisaient pas même enseigner dans leurs grands séminaires. Cela favorisait beaucoup ce grand désir de liberté et d'indépendance qui est fortement enraciné dans les cœurs de tous les hommes, en particulier de ceux qui ont autorité sur leurs semblables. Cela occasionnait aussi, c'est incontestable, de nombreux abus de pouvoir, des actes d'arbitraire, même de despotisme dans la conduite que tenaient les évêques envers bien des prêtres qui pouvaient être fort recommandables, mais qui avaient déplu à leurs supérieurs, souvent sans être coupables d'aucune faute sérieuse.

Le grand Pape Pie IX d'illustre mémoire, a battu fortement en brèche l'omnipotence souvent trop passionnée des évêques dans leur conduite envers leurs prêtres. Il a exigé qu'ils établissent des chaires de droit canon dans tous leurs grands séminaires et qu'ils s'habituassent à respecter, beaucoup mieux qu'on ne le faisait dans la première moitié de notre siècle, les droits, la liberté, l'honorabilité et surtout les positions légitimement acquises des prêtres dignes. Ainsi il a exigé des évêques qu'ils ne se permissent pas de changer un prêtre d'un poste à un autre, s'il ne voulait pas y consentir et s'il n'y avait pas des motifs graves bien réels pour opérer ce changement. En vertu de cette règle de conduite à laquelle les évêques ont dû s'astreindre, les prêtres sont beaucoup moins exposés à être victimes de mesures arbitraires, qui sont très naturelles, d'après moi à tous les supérieurs quels qu'ils soient envers leurs inférieurs.

L'Eglise de France se trouve aujourd'hui dans un état de transition. Les évêques étaient habitués à gouverner leurs diocèses, chacun suivant ses inspirations personnelles. Par conséquent comme ils restent toujours hommes tout en devenant évêques, ils agissaient bien des fois sous l'impulsion de quelque passion secrète du cœur, dont, je le veux bien, ils ne se doutaient pas ordinairement; et ils faisaient ainsi peser sur leurs prêtres des mesures plus ou moins opposées aux grands principes de charité et de justice, qui devraient toujours animer la conduite des représentants très élevés de la religion.

Aujourd'hui les Papes travaillent à ce que ce régime de liberté de la part des évêques dans leur administration, soit remplacé par les règles du droit canon qui assure au prêtre, tout le monde ecclésiastique en convient, une plus grande sauvegarde pour le respect de sa dignité, de ses droits, de ses titres de recommandation. Mais la sagesse des Papes ne veut pas qu'on brusque les choses. Ils tiennent à ce qu'on ménage les transitions; et ils ferment les yeux sur bien des mesures administratives de nos évêques qui ne sont pas d'accord avec les dispositions des lois générales de l'Eglise. Voilà pourquoi il y a pour les évêques encore, une plus large liberté que ne leur assurerait le respect plus grand des lois canoniques, pour poursuivre de leurs rigueurs les prêtres qui n'ont pas le bonheur de leur plaire.

II. Pourquoi et comment mon évêque m'a défendu de porter la soutane. — Pourquoi je chante facilement dans les cafés — Suis-je fou?

1° Pourquoi mon évêque m'a défendu de porter la soutane. — C'est le 25 Février de cette année que Monseigneur m'a défendu de porter la soutane. C'était le lendemain du jour où j'étais arrivé à Bayonne et où j'avais vendu avec de très-grands succès ma brochure, portant pour titre comme cette seconde édition: *injustice de l'évêque de Bayonne envers l'abbé Rachou*. Déja depuis le 20 Janvier ou je m'étais mis en campagne pour publier ma brochure et produire mes plaintes en public, j'avais parcouru dans notre diocèse les villes d'Oloron, d'Orthez, de Mauléon, St-Palais, Navarrenx, Monein, dont les 3 premières sont des chefs-lieux d'arrondissement. Et partout j'avais fait des ventes heureuses, et rencontré de nombreuses sympathies dont j'ai lieu d'être fier. Je dirai dès à présent que je n'aurais pas jeté dans le public un seul exemplaire de ma brochure, si Monseigneur Ducellier à qui le premier j'en avais donné connaissance, m'avait accordé les satisfactions auxquelles j'ai certainement droit, comme tous mes lecteurs pourront le comprendre bientôt.

Avant de paraître dans les rues de Bayonne, j'ai eu deux entretiens avec mon évêque d'une heure chacun environ. Il s'est empressé chaque fois de m'accorder audience aussitôt que je me suis présenté à l'évêché, quoique j'arrivasse en dehors des heures règlementaires. Il s'est montré très-aimable, très-bon, très-paternel. Il s'est appliqué à me faire comprendre qu'il oublierait facilement mes excursions passées faites dans les villes de son diocèse, si je voulais lui présenter des excuses, me confier à sa bienveillance et lui promettre de ne plus afficher les prétentions que j'ai eues jusqu'ici.

Mais moi, tout convaincu que j'étais que mon évêque me traiterait avec des égards dont je ne me crois pas indigne, j'ai voulu et je veux autant que jamais être conséquent jusqu'au bout. Par suite de mes goûts personnels dont je parlerai plus loin, je me suis trouvé dans des situations qui me rendaient désagréable à l'autorité ecclésiastique, quoiqu'on ne pût rien me reprocher. Cela m'a valu des épreuves et procuré des luttes, dans lesquelles j'ai puisé un amour probablement impérissable pour le droit et la justice.

Je suis convaincu que l'administration diocésaine, lorsqu'elle était représentée par les Vicaires Généraux de Monseigneur Lacroix dans les derniers jours de son épiscopat, s'est prévalue alors, comme Monseigneur Ducellier le fait depuis onze mois, du prestige de sa puissance et de toutes les ressources de son autorité, pour me traiter comme la religion et le respect de mes droits ne l'auraient pas voulu. Je me suis dit mille fois qu'il ne pouvait pas être permis à des supérieurs ecclésiastiques de se conduire envers des prêtres que l'on savait dignes, comme on le faisait pour moi. Et j'ai acquis la conviction profonde que les prêtres irréprochables peuvent exiger et obtenir, avec du courage et de la persévérance, des évêques les plus autoritaires, qu'ils respectent leurs droits, leur liberté, leur honorabilité.

La conduite très condamnable que M. Lassalle, curé doyen de Ste Marie d'Oloron, avait tenue l'année dernière envers moi et dont je parlerai un peu plus loin avaient réveillé ma passion pour la justice et pour le respect auquel peuvent prétendre les prêtres méritants. J'avais pris la détermination d'exiger de ce doyen, et s'il le fallait ensuite de mon évêque, qu'ils me traitassent suivant les exigences du droit, et non suivant les inspirations de la bienveillance et de la bonté de mon évêque. Jusqu'au 23 Février où Monseigneur Ducellier me parlait dans les salons de l'évêché, j'avais passé huit mois environ pour arriver au triomphe du droit contre les prétentions de l'arbitraire. Je crois fortement qu'il est utile de donner une leçon éclatante qui apprenne aux évêques à ne pas braver les réclamations courageuses et publiques d'un prêtre marchant selon le droit. J'aurais pu s'en doute me réintégrer dans l'esprit de mon évêque en renonçant à mes exigences, et en m'abandonnant aux inspirations de sa bonté dont il a cherché à me faire comprendre l'étendue. Mais j'avais commencé ma campagne pour battre en brèche l'arbtiraire d'un évêque et pour donner un avertissement salutaire à ceux qui seraient tentés de l'imiter. Je veux, je le répète, aller jusqu'au bout de mon entreprise. Et appuyé sur la toute puissance du droit, comme sur les grands principes de la morale religieuse qu'un évêque catholique ne peut pas répudier, j'exigerai de Monseigneur qu'il s'incline devant la force de mon droit et qu'il ne se permette pas de me punir, parce que je veux l'obliger, par l'emploi reconnu aujourd'hui très légitime de mes plaintes publiques, à m'accorder les choses qu'il s'obstine à me refuser depuis si longtemps.

Mes entretiens avec mon évêque du 22 et 23 Février n'ont donc pas pu établir l'accord entre nous. Monseigneur voulait que je renonçasse à mes prétentions, et moi je veux absolument les faire triompher, parce que je ne puis pas douter aujourd'hui qu'elles ne soient très-légitimes, et parce que je suis porté depuis très longtemps à prouver par mon exemple, que les évêques peuvent être forcés à traiter les prêtres dignes conformément à leur droit, et non suivant le caprice de leur bon plaisir.

Le 24 Février j'avertissais mon évêque par écrit que j'allais vendre des brochures et faire des allocutions publiques contre son refus de justice dans les rues de Bayonne. Je l'engageais à m'en empêcher s'il le pouvait. Quelques heures après je parcourais les rues de la ville. Tout en engageant a prendre ma brochure, je demandais de tous côtés aux personnes amies de la religion, de décider Monseigneur l'évêque à me faire poursuivre comme calomniateur, si l'injustice que je lui reprochais par mes paroles et par mon imprimé n'était pas véritable, ou à me réparer cette injustice, puisque la religion, la conscience publique et la justice le demandaient, si elle était incontestable, comme personne ne pourra en douter, après que je l'aurai fait connaître.

Mes succès, je l'ai déjà dit, furent grands dans tous les quartiers de la ville de Bayonne que je parcourus le premier jour. On m'é-

— 9 —

coutait avec un intérêt et des marques de sympathie très-accentués, et je vendais des brochures autant que je pouvais le désirer.

Le lendemain mon évêque me faisait appeler de bon matin, à l'évêché. Le ton aimable et très-bienveillant du portier de Monseigneur que l'on avait choisi pour commissionnaire et à qui peut-être on avait fait la leçon, me fit croire que Monseigneur Ducellier allait terminer la querelle en m'accordant satisfaction. Mais arrivé à l'évêché, M. Franchistéguy, vicaire général et président du tribunal ecclésiastique qu'on appelle l'officialité diocésaine, me notifia par écrit au nom de mon évêque, l'ordre de quitter l'habit ecclésiastique que je déshonorais, disait-il, en vendant des brochures dans les rues des villes et en me plaignant au public de mon évêque.

Je répondis que je ne reconnaissais pas à Monseigneur le droit de m'enlever la soutane, parce que j'exerçais moi-même le droit que m'accordent les lois ecclésiastiques et civiles de me plaindre publiquement de l'injustice que je puis reprocher à Monseigneur Ducellier ; qu'en conséquence, je n'abandonnerais pas la soutane, que je ne pouvais pas déshonorer en poursuivant le triomphe de la justice et du droit sur l'arbitraire d'un évêque ; que cependant j'allais suspendre la vente de mes brochures, si Monseigneur voulait écrire au Pape et obtenir de lui la condamnation des principes qui sont l'âme de ma conduite ; que pour rien au monde je ne voulais employer, pour avoir raison de l'injustice de mon évêque, des moyens qui seraient opposés aux lois de l'Eglise ou au bien de la religion.

Je ne songeai donc nullement à me conformer à l'ordre de mon évêque qui me demandait de quitter la soutane, sans pouvoir invoquer d'après moi des raisons qui m'en rendissent réellement indigne. Je me mis donc à vendre encore des brochures dans les divers quartiers de la ville ; et partout je trouvais le même bon acceuil que la veille.

Après 3 heures de temps, le Commissaire Central de police me fait appeler à la mairie par un de ses agents. Il me dit qu'il devait me conduire au Parquet du Procureur de la République. Celui-ci me fait avouer sans peine que j'avais reçu le matin à 10 heures, notification de la défense que m'avait faite Monseigneur de garder ma soutane. Il me déclare que si je continue à la porter publiquement, il allait sans pitié me faire mettre en prison. Je me tins pour averti et je crus devoir céder devant la force.

Je démontrerai plus bas que la défense de Monseigneur m'interdisant le port de la soutane, doit être un arbitraire incontestable.

2° Pourquoi je chante facilement dans les cafés.
Je le dirai avec une franchise que beaucoup de gens voudront peut-être condamner : Je crois avoir reçu de Dieu un talent naturel de chanteur distingué. Lors que je vendais mes brochures avec ma soutane contre Monseigneur Ducellier mon évêque dans les villes de mon département, je me suis permis d'aller dans les cafés, et il n'a pas été difficile d'obtenir de moi que je montrasse mon talent de chanteur.

Les personnes religieuses surtout, voulaient se scandaliser de ce que j'allais dans ces lieux publics et plus encore de ce que je me permettais d'y chanter. Mais je ferai remarquer que me trouvant éloigné de plus de deux lieues de mon domicile, je ne violais pas les lois ecclésiastiques qui interdisent au prêtre la fréquentation des cafés. D'ailleurs dans les cafés bien tenus — et je ne cherchais à aller que dans ceux-là — je trouvais réunis en grand nombre l'élite des hommes intelligents, qui comprennent et approuvent ma conduite, la plupart avec une facilité, une sympathie et des encouragements qui sont très précieux pour moi.

On conçoit dès lors qu'au lieu de fuir les cafés je cherchais à fréquenter même avec ma soutane ceux qui m'étaient désignés comme attirant les aristocraties intellectuelles de chaque ville. Je ne me gênais pas pour faire savoir que j'ai un talent de chanteur que beaucoup d'hommes très-compétents ont applaudi. Naturellement on voulait connaître mon savoir faire et je ne me faisais pas scrupule de chanter des morceaux à mon goût, où je puis déployer les richesses artistiques de mon chant.

A mon avis, un prêtre ne se déshonore pas, il s'honore au contraire, et il honore l'état auquel il appartient, en se montrant capable de traduire avec les perfections de l'art et de la nature, les belles inspirations des morceaux remarquables de musique. Les hommes s'inclinent toujours, même souvent malgré eux, devant tout talent quel qu'il soit, qui est marqué au coin du bon goût et de la perfection humaine. Pour mon compte je suis enchanté aussi qu'en dépeignant, comme je crois le faire dans mes chants, la noblesse, la grandeur et l'élévation qu'il me semble posséder dans mon âme, je fasse comprendre à tous, que mon évêque de Bayonne aurait dû me traiter avec plus de respect et d'égards qu'il n'a voulu le faire. Je compte hâter ainsi le moment où je n'aurai plus à porter mes plaintes devant le public, et où la justice, la vérité, la conscience et la raison obtiendront un triomphe complet sur les exigences des passions humaines, dont les évêques ne sont pas entièrement affranchis : Monseigneur Ducellier le prouve bien par sa conduite.

Je ferai remarquer ici qu'on n'obtiendra pas de moi que je chante si ce n'est le soir ou avant dîner.

3° Suis-je fou ? — Je me suis aperçu que dans plusieurs villes que j'ai parcourues, même avant que ma blouse extravagante ne me donnât les apparences de la folie, qu'un certain nombre de gens prétendaient avec assurance que je devais être fou. Mais c'était dans la catégorie des gens religieux ou de ceux qui, pour diverses raisons, étaient peinés de me voir faire la guerre à mon évêque. et qui voulaient que j'eusse évidemment tort d'agir comme je le fais. Oui il y a des personnes qui ne trouvent pas de meilleures raisons pour combattre mes agissements que de me taxer de folie.

Mais je ne crains pas de passer pour fou, je le répète, dans le jugement de ceux qui savent apprécier la valeur des hommes et comprendre si le langage que je tiens dans ma brochure ou dans mes allocutions publiques, est le langage d'un fou ou d'un homme bien intelligent, très pénétré de la justice de sa cause et qui a le courage de prendre les moyens les plus éner-

giques, les plus insolites, les plus éclatants pour la faire triompher de la passion et du parti-pris.

Oh! il ne faut pas confondre la hardiesse, si l'on veut même
l'audace, le courage et l'énergie plus qu'ordinaires avec la folie.
Et céla n'arrive point pour moi, j'en suis certain, surtout aux
hommes intelligents qui n'obéissent pas à des préventions ou à
des antipathies contre ma personne, ni contre mon différent avec
un évêque. Je finis par dire que je ne crains de passer pour fou
qu'auprés des gens qui voudraient absolument que je le fusse,
pour que mon évêque soit moins condamnable dans son obstination incompréhensible à me refuser justice, et que ma conduite s'explique plus facilement, sans causer du dommage à la
religion dont je suis le ministre.

III. Je veux obtenir le triomphe du droit contre l'arbitraire de mon évêque.

Il y a longtemps que j'ai dit à l'évêque de Bayonne, et j'aime
à le répéter ici, que je me constituais le champion invincible du
droit et de la justice. Je veux que cette parole soit, non pas
une fanfaronade ridicule, mais une réalité victorieuse de tous les
obstacles que je rencontrerai sur mes pas. Aujourd'hui dans
cette seconde édition d'une brochure dont j'avais déjà tiré un
grand nombre d'exemplaires que j'ai tous vendus, je reproche
avec plus de force que jamais à Monseigneur Ducellier de ne
vouloir pas se conduire comme la religion le demande, de ne
vouloir pas respecter les droits qu'elle me donne pour me défendre contre son arbitraire, ni remplir les devoirs qu'elle lui
impose.

Il serait agréable, je le reconnais, aux hommes possédant autorité sur leurs semblables de n'avoir que des droits sur leurs inférieurs et de n'être pas obligés de compter avec eux, lorsqu'ils
exigent qu'on les traite comme ils le méritent. Mais la religion
comme l'amour naturel et bien entendu de nos frères protège les
petits contre les passions des grands, contre l'omnipotence de
leur dignité, contre les abus de pouvoir qui sont très possibles,
je dirai même très naturels aux hommes élevés au dessus des
autres, qu'ils soient prêtres, ou évêques, ou laïques n'importe
dans quel genre d'administration. Car je le ferai remarquer, les
hommes se passionnent beaucoup naturellement pour les biens
qu'ils possèdent : et comme le très grand nombre sont fort égoïs-
tes, fort désireux de l'estime, de l'honneur et de la gloire devant
les hommes, s'ils ont acquis une supériorité ou une autorité quel-
conque sur leurs semblables, ils sont portés à s'en servir pour
la faire tourner à leur avantage personnel, au triomphe de leur
égoïsme, à l'exaltation de leur personne. Et s'il y a conflit,
comme il arrive souvent, entre leur devoir et leur intérêt, entre
le droit de leurs inférieurs et les exigences de leur amour propre,
ils prennent instinctivement le parti qui favorise le mieux leur
intérêt, et ils s'abandonnent facilement, souvent sans y prendre
garde, aux illusions qui leur font fermer les yeux sur la violation
des droits et des intérêts de leurs semblables ou de leurs
inférieurs.

Ainsi sont faits les hommes, les évêques et les prêtres aussi bien que les autres. D'où il arrive qu'on pourra trouver chez eux, des défaillances, des oublis, même des manquements graves qu'ils ne songeront pas à se reprocher, à cause du bandeau que mettent sur les yeux les passions naturelles de leur cœur, contre lesquelles les hommes les plus avisés, même les plus vertueux ne savent pas toujours se mettre assez en garde.

Depuis le premier juillet de l'année dernière, par conséquent depuis 10 mois, j'exige de Monseigneur Ducellier qu'il respecte le droit que j'ai d'être traité comme un prêtre digne puisque je le suis, qu'il me rende la messe qu'il m'avait enlevée un mois auparavant, parce que j'avais eu le courage de me plaindre en public dans les rues d'Orthez, une de nos villes d'arrondissement, de ce que M. Lassalle curé doyen de Sᵗᵉ-Marie d'Oloron, ne voulait pas réparer une injustice que j'avais le droit de lui reprocher.

Ces plaintes publiques, comme celles que j'ai produites jusqu'aujourd'hui depuis lors contre mon évêque lui-même, dans neuf villes de notre diocèse, et même dans la ville épiscopale de Bayonne, étaient certainement dans mon droit, comme je le prouverai plus bas. Par conséquent mon évêque ne pouvait pas me punir, comme il l'a fait, pour avoir exercé ce droit que m'accordent les lois ecclésiastiques, aussi bien que les lois civiles. Aussi j'ai eu le courage dès le commencement, c'est-à-dire depuis le 1ᵉʳ juillet, époque où par la force des choses je ne devais plus rien réclamer au curé de canton dont je m'étais plaint à Orthez, j'ai eu le courage, dis-je, de déclarer à mon évêque que je ne lui permettrais pas qu'il me punit pour avoir reproché publiquement, en vertu du droit que j'en avais, à mon curé de canton M. Lassalle, l'injustice qu'il s'est obstiné à ne vouloir pas réparer; que j'exigeais qu'il me promit de me donner aussitôt qu'il le pourrait, un poste qu'on n'eut pas le droit d'appeler un poste de châtiment.

Mon évêque m'a répondu, et il l'a répété depuis plusieurs fois, que si je voulais m'en rapporter à sa bienveillance, je n'aurais pas à m'en repentir, mais que si je voulais lui forcer la main, je n'obtiendrais rien de lui, absolument rien, pas même de dire la sainte messe.

Cett parole de mon évêque a été depuis le 1ᵉʳ Juin la règle de sa conduite. J'établirai plus loin que c'est là un abus de pouvoir très-manifeste, un arbitraire révoltant, que Monseigneur Ducellier se privant de sa toute-puissance, du prestige de son autorité, de l'ascendant que sa dignité d'évêque lui donne sur un grand nombre d'esprits et de la confiance qu'elle inspire pour me jeter dans la misère, pour me faire subir une injustice qui paraîtra à tous mes lecteurs de la dernière évidence, pour me contester les droits les plus indéniables.

Monseigneur Ducellier prouve par sa conduite qu'il n'entend pas que ses prêtres parlent avec lui, si celà ne lui convient pas, des droits que la religion comme le bon sens leur donne contre ses inclinations autoritaires. Il veut qu'il ne soit question que de bienveillance, de bonté, de sentiments paternels que l'on invoquera de sa part comme une faveur, mais qu'il ne sera obligé d'écouter lui-même, que lorsque ce sera son bon plaisir.

Ces prétentions de mon évêque qui depuis 11 mois animent sa

conduite à mon égard, sont du despotisme manifeste, l'abus éclatant d'une puissance spirituelle que les sentiments religieux d'un grand nombre d'hommes entourent d'une vénération et d'une confiance dont j'ai eu bien des fois occasion de constater les fâcheux effets pour le triomphe de ma cause.

Monseigneur Ducellier ne veut pas reconnaître les droits que la religion me donne contre lui, pas plus que les devoirs qu'elle lui prescrit dans sa conduite envers ses prêtres. Mais je le demande, un évêque n'est-il pas bien coupable, en donnant par sa conduite l'exemple du mépris des droits de ses semblables et aussi des devoirs que le bon sens de tous lui impose ?

Moi je veux absolument que mon droit triomphe du mépris public et scandaleux qu'en fait mon évêque depuis le 20 Janvier, où j'ai commencé à vendre ma brochure et à faire des allocutions publiques dans plusieurs villes que j'ai parcourues, et en particu-dans les rues de Bayonne où j'ai obtenu des succès dont mon évê-que a dû être effrayé, comme le prouvent les rigueurs qu'il a fait tomber sur moi, dès le lendemain de mon arrivée dans sa ville épiscopale. Je veux qu'il se voie forcé à mettre sa conduite en conformité avec son devoir, avec les exigences de la religion, comme du bon sens de tous ceux qui jugent avec impartialité. Je veux qu'il soit prouvé par un exemple éclatant, qu'un évêque fort distingué et fort estimé d'ailleurs, n'a pas pu se moquer impuné-ment des réclamations légitimes d'un de ses prêtres et qu'il s'est vu forcé de capituler devant les exigences impérieuses des lois morales et de la conscience publique, qu'un évêque ne devrait pas s'obstiner à braver, comme je puis le dire de Monseigneur Ducellier.

J'ai déclaré bien souvent et je le répète encore avec plus de confiance que jamais: je veux que la victoire reste, non à l'arbi-traire, au despotisme, au mépris des prêtres dignes, mais au droit, à la vérité, à la justice, à la religion, aux principes moraux et ci-vilisateurs de la conscience humaine.

Je trouverai partout, je n'en doute pas, des hommes qui se fe-ront un honneur de se constituer les amis de la justice, les pro-tecteurs des petits et des opprimés, qui n'admettront pas qu'un évêque parce qu'il est évêque, doive nécessairement avoir raison quand même il aurait mille fois tort, et que le prêtre victime de son injustice et de son arbitraire n'ait d'autre parti à prendre que de se courber comme un esclave devant les arrêts d'une puissan-ce sans contrôle, auxquels beaucoup de gens religieux ou parti-sans de l'autorité accordent une infaillibilité pratique, qu'on n'a d'ailleurs jamais songé à établir en théorie.

IV. Mes 29 jours de prison font presque ma gloire.

Je dois apprendre à mes lecteurs que j'ai passé 29 jours sous les verroux de la prison de Bayonne. Mai pourquoi cela, deman-dera-t-on tout de suite? ah c'est que j'avais commis la grande faute, la très-grande faute, si l'on veut même le grand crime d'avoir gardé jusqu'à 3 heures de temps! le 25 Février ma soune, que mon évêque par un ordre en règle m'avait commandé de quitter, ma soutane que j'avais portée toute ma vie, que j'aime avec toutes les ardeurs de mon âme, dont je ne voudrais pour rien au monde me voir dépouillé pour toujours; parce que j'ai cru et je crois encore que je n'étais pas obligé de me soumettre à une défense qui me paraissait du plus pur arbitraire, un abus de pouvoir manifeste de Monseigneur, que je pouvais ajouter à d'autres abus de pouvoir évidents à mes yeux.

Monseigneur, je le reconnais, comme ayant une autorité très-légitime sur tous ses prêtres, a le droit de veiller à ce que tous se conduisent d'une manière honorable, et par conséquent de retrancher, de moins pour quelque temps, du corps dont il est le chef, ceux qui ne comprennent pas assez le respect qu'il doivent à eux-mêmes, qu'ils doivent à l'Eglise, à l'édification des peuples et à la corporation dont ils font partie. J'admets tout cela sans aucune difficulté; et je suis d'avis que l'autorité ecclésiastique doit avoir une puissance efficace pour maintenir dans la dignité et l'honneur les hommes du sacerdoce, autant qu'il est possible de l'obtenir avec les qualités et les défauts inhérents à la nature humaine, sous tous les habits et sous tous les drapeaux. Mais si l'évêque est fortement armé pour poursuivre et châtier les prêtres indignes, il se trouve désarmé pour sévir contre des prêtres irréprochables. Il a le pouvoir, mais il n'a pas le droit d'exercer des rigueurs contre des sujets qui ne l'ont pas mérité.

J'ai dit que depuis la défense de Monseigneur, j'avais continué à vendre des brochures avec grand succès dans les rues de Bayonne, revêtu de ma soutane; que 3 heures après le commissaire central m'avait appelé à la mairie, qu'il m'avait conduit ensuite chez le Procureur de la République; que celui-ci m'avait déclaré en termes sévères, que si je ne quittais pas la soutane immédiatement pour me conformer à l'ordre de mon évêque, il allait sans pitié me faire mettre en prison.

Remarquez ces paroles, lecteurs. Le Procureur me dit que si je ne quitte pas immédiatement la soutane il va me mettre en prison. Mais il ne dit pas : M. l'abbé, le Commissaire central vient par mon ordre de vous faire arrêter sur la rue, où vous vendiez publiquement des brochures avec l'habit ecclésiastique, que votre évêque vous avait déjà défendu de garder; en conséquence je vais tout de suite vous faire enfermer à la maison d'arrêt. Non, M. le Procureur ne dit rien de tout cela. Il passe l'éponge sur le passé dont il ne paraît pas tenir compte. Il se contente de me déclarer que la prison deviendra ma demeure, si je continue à porter le costume du prêtre.

J'ai dit encore que pour remplacer les avantages de la soutane, j'avais fait confectionner une blouse aux couleurs éclatantes assorties d'une manière bizarre, burlesque, pour piquer au plus haut point la curiosité de tout le monde, et pour faire savoir tout de suite, au moyen de mes deux écriteaux placés devant et derrière la poitrine, que le carnaval habillé de la sorte c'est un prêtre malheureux que l'on persécute sans motif. Mais il m'a fallu quatre jours, et pour me procurer un costume laïque que je n'avais pas, et pour préparer ma blouse ainsi que mes écriteaux.

Deux jours avant de reparaître dans les rues de Bayonne, j'avais eu l'attention, je dirai même la noblesse d'âme d'avertir Monseigneur, pour qu'il avisât s'il le voulait ; et je lui assurais que la blouse et les écritaux allaient m'aider à vendre autant de brochures que s'il m'avait laissé la soutane. Monseigneur n'a pas manqué de prendre ses mesures. Il a prévu l'effet que pourrait produire sur les masses une blouse excentrique portée par l'abbé Rachou, que l'on savait privé de sa soutane par un ordre de l'évêque, dont probablement le grand nombre ne comprenait pas le motif. Il a dû s'en entendre avec le Procureur de la République, et il a obtenu de lui, ou par lui-même, ou par l'intermédiaire de quelques puissants amis qu'il possède certainement à Bayonne, qu'on prendrait des moyens pour empêcher les effets éclatants que je pourrais produire, en me promenant dans les rues avec ma blouse burlesque et mes écritaux très-significatifs.

Le premier Mars, où je me suis présenté aux habitants de Bayonne avec mon nouvel habit si facile à reconnaître, l'effet a été magique. Tout le monde sortait aux portes, aux fenêtres, lorsque les sons de ma forte clochette avertissaient de ma présence dans les rues. Une multitude d'hommes surtout, sans compter bien des femmes se mettaient à ma suite, écoutaient avec un religieux respect les allocutions que je faisais dans les différents endroits, au milieu des marques de sympathie les moins équivoques, de la part du très-grand nombre de mes auditeurs. Après mes allocutions je n'oubliais pas la vente de mes brochures, et bien des gens s'approchaient pour m'en demander.

Après avoir parcouru trois rues de la ville en véritable triomphateur, un commissaire de police vient me dire que je dois cesser mes démonstrations ; que je cause des attroupements ; que je porte préjudice à la circulation dans les rues. Je lui répondis que je ne cherchais nullement à me faire suivre par la foule que la curiosité mettait sur mes pas ; que je n'avais nullement besoin d'elle ; que mon seul but était de parler aux habitants des quartiers que je parcourais et non de me voir accompagné par des gens qui ne m'étaient d'aucune utilité, qui pouvaient au contraire me créer des embarras devant les hommes de la police. Je conclus en disant que je continuerais à agir comme je le faisais, qu'il me dressât procès-verbal s'il voulait ; qu'ensuite je me défendrais.

Demi-heure après je rentrais dans mon hôtel pour songer à dîner. Le Commissaire Central vient me trouver. Il me dit que si je renouvelais dans l'après-midi les manifestations de la matinée, il sévirait sérieusement contre moi. Je me tins pour averti et je fis mes préparatifs pour aller à la prison où je m'attendais dès lors à être enfermé. Mais je voulais pousser mon affaire jusqu'au bout ; et j'étais d'avis que la force brutale n'aurait pas le dernier mot, que la victoire resterait à mon courage appuyé sur mon droit.

Vers deux heures je sors de nouveau avec ma blouse mirobolente et mes écriteaux. Partout où je prononce des allocutions publiques, une foule extraordinaire accourt pour m'écouter. Je fais comprendre à tout le monde que je ne me regarde pas comme battu bien s'en faut, qu'ayant pu remplacer ma soutane par un habit qui me donne beaucoup de curieux, j'ai plus de confiance que jamais dans le triomphe de mon droit. Mes paroles chaleureuses, je me permets de dire même éloquentes, transportaient mes auditeurs. Pas un seul opposant n'osait s'élever contre mon langage ni contre ma conduite. Ou si quelque téméraire se risquait à lancer quelque réflexion contre moi, il était accueilli par des protestations indignées, par des huées accablantes.

Bien vite j'arrivai à la grande place de la cathédrale. Et là ma clochette que j'agitais en me dirigeant de ce côté, m'avait procuré de suite un auditoire de 2 ou 300 hommes. Je pérorais de mon mieux devant cette foule qui était suspendue à ma parole et à mes lèvres, lorsque le commissaire central se présente, m'interrompt au milieu de mon discours et me mène de force à la mairie, malgré toutes les raisons que je lui donne pour lui prouver qu'il n'a aucun motif pour agir de la sorte contre moi. Aussitôt arrivé à la Mairie, le Procureur de la République se présente devant moi. Il me reproche en termes énergiques le mouvement populaire que je cause dans Bayonne avec la blouse excentrique, qu'il va, dit-il, me faire enlever. En même temps il me rappelle que, quatre jours auparavant j'avais porté la soutane en public depuis la défense de mon évêque ; et il ajoute : M. l'abbé, nous vous poursuivrons pour ce délit, et on va vous conduire en prison.

Mais, M. le Procureur, pourquoi le 25 Février, lorsque vous m'avez intimé l'ordre de quitter mon habit, n'avez-vous pas songé à me mettre en prison, puisque vous m'aviez appelé auprès de vous, lorsque vous saviez que je vendais avec ma soutane ma brochure dans les rues ? Vous me pardonniez alors de n'avoir pas obéi à mon évêque avant que vous ne fussiez intervenu. Pourquoi quatre jours après, allez-vous ressusciter un délit que votre bon sens avait enterré dans l'oubli ? Ah! je comprends. Les manifestations extraordinaires que produisait ma parole éloquente dans les rues de Bayonne à l'aide de mon attirail, et à l'aide surtout de la légitimité de ma cause, ont alarmé Monseigneur et ses nombreux amis, qui ont eu deux jours entiers, grâce à mes avertissements, pour combiner les moyens d'empêcher le soulèvement de la conscience publique contre l'obstination de Monseigneur à me refuser une justice qu'il me devrait au jugement de tous. De hauts personnages vous ont supplié, je pense, à moins que votre zèle personnel pour l'honneur de mon évêque ne vous ait inspiré vous-même, ils vous ont supplié, dis-je, d'agir *per fas et nefas* pour qu'un évêque ne fut pas obligé de capituler devant le bon sens public, ni devant les réclamations légitimes et très-populaires d'un prêtre qui ne lui est nullement agréable.

Il fallait donc, coûte que coûte, n'importe par quel moyen, faire taire l'abbé Rachou et le soustraire aux ovations des Bayonnais qui prenaient fait et cause pour lui et qui devaient trouver très condamnable l'obstination de Monseigneur ne voulant pas le traiter selon son droit.

Ah je n'en doute pas, M. le Procureur, vous avez cherché dans tous mes actes, avec toute votre intelligence et votre connaissance des lois, des armes pour triompher d'un adversaire que la justice de sa cause et son talent de la faire accepter avec faveur parle public, vous ont montré bien redoutable, à vous, ainsi qu'à Monseigneur et aux nombreux partisans de son autoritarisme. Vous avez cherché et cherché encore, et vous n'avez pu sans doute rien trouver, puisqu'il a fallu vous accrocher au fait d'avoir gardé seulement pendant trois heures ma soutane, depuis que Monseigneur m'avait donné l'ordre de l'abandonner.

Vous avez donc arrêté que vous me poursuivriez pour le port illégal du costume ecclésiastique. Mais je vous le demande, Monsieur, de quel droit m'avez-vous fait mettre en prison et m'y avez-vous retenu 9 jours avant de me faire juger, puisque finalement il ne fallait me poursuivre que pour avoir gardé mon habit pendant 3 heures ? Est-ce que le salut de la république était compromis en me laissant ma liberté ? Est-ce que vous pouviez me supposer l'intention de m'échapper en Espagne ou ailleurs, pour me soustraire aux rigueurs des lois qui auraient à punir le grand crime d'avoir gardé un costume dont je me croyais et dont j'étais sans doute fort digne ? D'ailleurs quand même j'aurais eu la folie de me dérober à vos poursuites, est-ce que mon évêque ne me l'aurait pas pardonné ? Est-ce que l'ordre public, le bien de la société, le besoin de donner des exemples salutaires en poursuivant les grands coupables, demandaient qu'on s'assurât de ma personne et qu'on me jetât en prison, afin d'apprendre aux grands criminels, aux voleurs, aux assassins, comment la justice se permet de punir un prêtre, qui n'a pas su quitter son habit aussitôt que l'évêque le lui a demandé ?

Évidemment, lecteurs qui parcourez ces lignes, il n'y avait aucune raison prise du côté du délit qu'on me reprochait, pour me faire subir 9 jours de prison préventive. Mais il fallait m'imposer silence ; il fallait arrêter mes réclamations dans la rue ; il fallait enrayer le mouvement populaire de la ville qui se passionnait de plus en plus pour moi et qui bien vite aurait écrasé sous une montagne de mépris, le refus de Monseigneur à respecter la justice et les exigences du bon sens public.

Mais en même temps il m'est permis d'appeler les choses par leur nom, d'appeler tout-à-fait illégale mon arrestation et de dire que neuf jours d'emprisonnement préventif ont été de l'arbitraire très caractérisé que je me permets de dénoncer à la condamnation de tout homme impartial.

Je voudrais savoir aussi pourquoi le Procureur de la République ne m'a pas fait assigner dans les délais légaux, pour comparaître devant le tribunal. La loi veut qu'on accorde trois jours entiers à la partie intéressée pour s'occuper de sa défense, après qu'on lui a indiqué le délit pour lequel elle est poursuivie. C'est le lundi qu'on m'a demandé si je voulais être jugé le jeudi, et si par conséquent je voulais renoncer au délai accordé par la loi. J'ai répondu que oui, d'autant plus facilement qu'il m'aurait fallu attendre en prison jusqu'au mardi suivant, c'est-à-dire cinq jours de plus, si j'avais exigé que l'assignation fut légale. On a attendu encore jusqu'au mardi à 3 heures du soir pour m'envoyer l'huissier, qui m'a indiqué dans son exploit le grief sur lequel j'aurais à répondre devant le tribunal correctionnel. De sorte qu'on ne m'a pas accordé même un jour et demi, tandis que je pouvais exiger 3 jours entiers, pour m'occuper de ma défense sur le point incriminé.

Je ne vois rien pour expliquer cette conduite, cet oubli des formalités légales, si ce n'est un parti pris de la part des autorités judiciaires de Bayonne, pour m'empêcher de préparer une défense en règle et pour pouvoir en conséquence porter contre moi une condamnation qui parut moins odieuse.

Le tribunal en effet m'a condamné à un mois de prison, pour le seul fait d'avoir gardé 3 heures de temps ma soutane, depuis que l'évêque m'avait donné l'ordre de la quitter. Lecteurs, pour une chose aussi insignifiante comprenez-vous un mois de prison qui m'est infligé, surtout après 9 jours de prison préventive dont mes juges avaient connaissance, et qu'on m'avait forcé de faire déjà sans motif aucun ? Quant à moi j'ai pensé jusqu'à ce jour, que les juges de Bayonne ont voulu se rendre agréables à Monseigneur, ainsi qu'à ses nombreux et puissants amis, et que n'approuvant pas ma campagne contre mon évêque, quoique les lois ecclésiastiques ni civiles ne la condamnent pas, ils se sont accrochés au port illégal de ma soutane pendant 3 heures de temps pour m'infliger une peine humiliante, et me faire bien comprendre que mes revendications courageuses de justice n'avaient pas leurs sympathies.

J'ai hésité pendant plusieurs jours pour faire appel à Pau, du jugement rendu contre moi par le tribunal de Bayonne. Car je n'ai jamais cru qu'il pourrait y avoir grande tâche pour ma vie dans mon emprisonnement d'un mois, pour le seul fait d'avoir gardé ma soutane depuis la défense de mon évêque. Enfin je m'y décidai, plutôt pour céder aux sollicitations de gens qui paraissaient me porter un intérêt sincère, que pour obéir à mes inspirations personnelles. Le 20 mars mon affaire était portée devant la cour d'appel de Pau et les juges ont réduit à 8 jours de prison la peine d'un mois que m'avait infligé le Tribunal de Bayonne. Comme j'avais fait déjà 20 jours de prison réelle, je me trouvais avoir payé abondamment ma dette : j'ai été donc mis en liberté après la séance.

V. Ce n'est pas ma soutane, mais Monseigneur que mes plaintes publiques déshonoraient dans les rues de Bayonne.

Dans la pièce officielle qui contient l'ordre de quitter la soutane, Monseigneur dit en propres termes, *que je déshonorais la robe sacerdotale dont j'étais revêtu, en allant de ville en ville déclamer contre l'autorité ecclésiastique et vendre une brochure composée et dirigée contre mon évêque..... qu'il était urgent de soustraire l'habit que je portais à la risée des foules et aux regards attristés des chrétiens et des honnêtes gens... qu'en conséquence il me défendait de porter l'habit ecclésiastique.*

Voilà le motif principal allégué par mon évêque pour justifier la défense que j'ai le droit, ce me semble, de qualifier d'un arbitraire révoltant. Car aujourd'hui je puis dire avec plus de fonde-

ment que jamais, que je n'étais pas en opposition avec aucune
loi civile ni ecclésiastique, en vendant mes brochures où j'exposais l'injustice que je reproche à mon évêque et en me plaignant par la parole de ce qu'il ne voulait pas la réparer, ni se
conduire envers moi comme la religion le demande. Mais si ma
conduite n'était pas condamnée ni par les lois de l'Église, ni par
les lois de l'Etat, elle était donc l'exercice légitime d'un droit
très-réel. Or je ne sache pas qu'un prêtre puisse se déshonorer
en usant d'un droit qu'il possède.

D'ailleurs comment est-il possible que je déshonorasse ma soutane dans les rues de Bayonne et ailleurs ? Est-ce qu'il y a du
déshonneur pour un prêtre poursuivi de rigueurs imméritées,
d'exposer ses malheurs en public, d'appeler à son secours tous
les amis de la justice, de leur faire connaître la légitimité de ses
réclamations et de les décider à intervenir dans la mesure de
leur influence, ou du moins par l'effet moral de leurs critiques
et de leurs condamnations désintéressées, pour qu'un évêque
soit porté à mettre fin à son arbitraire et à traiter un prêtre digne
conformément à son droit ?

Je vendais une brochure, il est vrai, dans les rues des villes,
mais c'était une brochure dont j'étais moi-même l'auteur et qui,
d'après le jugement de beaucoup d'hommes capables de bien
apprécier, est pour moi un grand titre de recommandation
par les qualités littéraires, et surtout par la logique très-remar-
quable qu'elle possède. Ah ! si j'avais vendu du sucre, du poivre,
des dentelles, des allumettes, des almanachs ou des livres com-
posés par le premier venu, je me serais déshonoré j'en conviens.
Mais en vendant moi-même une brochure où j'avais mis toute
mon âme, toute mon intelligence, tout mon amour de la justice,
tout mon courage à vouloir qu'un évêque soit forcé de rendre
hommage à la toute puissance du droit et de rendre les armes
devant les exigences du bon sens public, auquel je m'adresse
avec une très grande confiance, je n'entends me déshonorer en
aucune façon. Car je me pose ainsi comme le champion intré-
pide du droit, comme le défenseur résolu des lois morales,
comme le vengeur implacable de l'injure que leur fait mon évêque en ne voulant pas reconnaître leur autorité, ni se conformer
à leurs prescriptions à mon égard.

Non, je ne me déshonorais pas, en particulier dans les rues
de Bayonne, puisque je remportais de tous côtés de grands
succès d'éloquence, puisque j'étais écouté partout avec une attention religieuse, et que si quelque voix discordante osait ha-
sarder une critique, une parole inconvenante, il était écrasé
sous une avalanche de protestations qui faisaient explosion de
toutes parts.

D'ailleurs ou peut comprendre facilement que le bon sens public et par conséquent les sympathies générales étaient avec
moi. Car je jetais dans tous les quartiers de la ville ce dilemme
écrasant pour l'honneur de mon évêque. Si l'injustice que je reproche à Monseigneur par ma parole publique comme par ma
brochure est réelle, il doit la réparer, car le bon sens l'exige
comme la justice. Si l'injustice n'existe pas, je suis calomniateur
de mon évêque, qu'il me fasse donc poursuivre et punir par les

tribunaux. Car la loi est terrible contre les calomniateurs d'hommes comme les évêques, qui ont un droit si rigoureux à jouir de toute leur honorabilité, de toute la confiance publique à laquelle ils peuvent prétendre.

Qui ne comprend que ce dilemme à la portée de tous mes auditeurs, devait engendrer dans tous les esprits la conviction que je devais avoir parfaitement raison, puisque Monseigneur l'évêque me laissait me plaindre dans la septième ville, sans pouvoir armer contre moi la rigueur des lois et des tribunaux?

Non, Monseigneur, non, l'abbé Rachou, ne se déshonorait pas en exerçant le droit de dénoncer à l'indignation de tous les amis de la justice, votre obstination à ne vouloir pas reconnaître vos torts envers moi. Je ne me déshonorais pas en vendant ma brochure dont le mérite littéraire me grandissait dans l'estime publique, ni moins encore en produisant de tous côtés des discours qui étaient accueillis par la très-grande majorité avec un respect, une bienveillance, je pourrais dire avec un enthousiasme dont j'ai lieu d'être fier. Mais c'est vous, Monseigneur, qui vous déshonoriez, vous qui du fond de votre évêché pouviez savoir facilement par des gens qui vous étaient dévoués, avec quelle faveur mes plaintes publiques étaient écoutées de toutes parts, et qui vous obstiniez à ne vouloir pas leur donner satisfaction, à ne pas vous conduire comme le devoir, les convenances et le respect de votre honneur le demandaient.

Oui, lecteurs, il est incontestable pour moi que c'est son propre honneur et nullement celui de ma soutane que Monseigneur a voulu soustraire aux critiques, aux condamnations sévères, impitoyables de la plupart des gens de Bayonne, en prenant ses mesures pour m'empêcher, autant qu'il était en son pouvoir, de continuer le cours de mes démonstrations triomphantes dans les rues de la ville épiscopale.

Dès lors qui ne comprend que la défense de l'évêque touchant le port de mon costume ecclésiastique est, non pas de la justice, mais de l'arbitraire au premier chef?

VI. Les rigueurs de mon évêque contre moi me paraissent du véritable despotisme.

On vient de le voir. Il n'est pas possible que je déshonorasse ma soutane dans les rues de Bayonne avec les succès si incontestables qu'obtenaient mes allocutions publiques. Aussi j'ose affirmer que mon évêque en invoquant ce motif pour m'ordonner de me dépouiller d'un habit qui m'est et qui me sera toujours très-cher, a fait acte de despotisme. Je trouve en effet les caractères du despotisme dans la conduite d'un supérieur, qui n'ayant pas le droit d'exiger de ses inférieurs des choses que réclament son amour-propre ou son intérêt personnel, use de sa puissance à temps et à contre-temps, met en œuvre tous les moyens dont il dispose, pour que l'inférieur poursuivi de ses rancunes ne puisse pas combattre ses volontés, pour qu'il soit obligé d'abandonner la revendication de ses droits et de subir les arrêts de son omnipotence.

Monseigneur l'évêque ne pouvait pas croire certainement que mes démonstrations si heureuses dans les rues de Bayonne portaient atteinte à mon honorabilité sacerdotale. Mais il voyait que s'il me laissait continuer, un mouvement extraordinaire de sympathie et d'intérêt pour ma personne allait se produire dans l'opinion publique à Bayonne, que par conséquent il s'élèverait de tous côtés des critiques et des condamnations très accentuées contre l'évêque à qui je dois tous mes malheurs. Dès lors il cherche par quels moyens il pourra échapper à une humiliation personnelle qui lui apparaît devoir prendre des proportions colossales; et il se sert du pouvoir qu'il possède de défendre à ses prêtres de porter l'habit ecclésiastique. Sans doute les motifs pour m'infliger une pareille flétrissure ne peuvent pas lui paraître suffisants: mais sa personne est en jeu. S'il ne déploie pas sa puissance contre l'abbé Rachou, il porte de rudes coups à sa considération devant les Bayonnais. Dès lors il se décide à me défendre le port de la soutane. Et comme il ne peut pas trouver de raisons pour légitimer cette rigueur avec laquelle il se promet de sauver les intérêts de sa dignité épiscopale, je suis en droit d'appeler cette mesure un acte de despotisme.

C'est sans doute aussi grâce à son intervention, aux démarches qu'il a faites ou fait faire par ses amis qu'il a obtenu du Procureur de la République qu'il me jetât en prison, avant de me faire condamner pour le port illégal du costume ecclésiastique. En réalité pourquoi cet emprisonnement préventif que rien ne justifie? C'est qu'on ne voit pas d'autres moyens d'arrêter les démonstrations de grande sympathie que produisent à Bayonne dans l'esprit public mes allocutions, pleines de vérité et de logique implacable contre le refus de justice de mon évêque. Monseigneur ne veut à aucun prix capituler devant les exigences du bon sens public. Et cependant il est acculé devant cette nécessité cruelle, si on ne parvient pas à faire taire l'abbé Rachou.

La prison paraît le seul moyen praticable pour sauver l'amour propre de Monseigneur d'une défaite humiliante. Rien ne la justifie sans doute: mais l'arbitraire de Monseigneur doit avoir le dernier mot. Il faut que le petit soit écrasé par l'absolutisme du grand. Toute la puissance des autorités judiciaires de Bayonne se mettra donc au service des passions de l'évêque pour leur obtenir l'impunité. Et l'abbé Rachou sera mis en prison, pour laisser à Monseigneur la liberté de rester dans son arbitraire.

De la part de mon évêque, qui certainement a été la cause première de mon emprisonnement contre toutes les lois et contre les intérêts de mon honorabilité, c'est du despotisme hors de discussion.

Est-ce que la défense de dire la messe qui se continue depuis bientôt un an, n'est pas aussi du despotisme? Mon évêque ne peut pas alléguer d'autre motif pour justifier cette mesure qui porte un si grand préjudice à mes intérêts matériels, puisqu'il m'enlève mes seuls moyens d'existence, si ce n'est que j'ai voulu obtenir la réparation d'une injustice que m'avait faite un curé de canton, et qu'ensuite j'ai exigé que Monseigneur ne me punît pas, pour le courage que j'ai eu de recourir aux moyens reconnus aujourd'hui très légitimes des plaintes publiques, contre le refus de justice de ce doyen.

Je ne suis donc privé du droit de dire la messe depuis si longtemps, que parce que j'ai voulu et que je veux qu'on ne me punisse pas, pour avoir usé du droit que me reconnaissent les lois ecclésiastiques et civiles de dénoncer à l'opinion publique la conduite condamnable de mon évêque et du curé de canton qui a occasionné notre différent. C'est donc parce que j'ai voulu et que je veux employer des moyens très-légitimes, je dirai même très-légaux pour obtenir le respect de mes droits, que Monseigneur m'enlève le pain de chaque jour et qu'il me prive de la consolation si grande pour un bon prêtre d'offrir tous les jours l'auguste sacrifice de la messe.

Est-ce là de la justice? Non, c'est j'ose l'affirmer, du pur despotisme. Car malgré les efforts très-nombreux que j'ai tentés pour faire cesser les rigueurs de mon évêque, malgré l'assurance que je lui ai donnée, peut-être 20 fois, que je renoncerais à mes plaintes publiques, si le Pape les déclarait contraires aux droits de mon évêque, ou au bon gouvernement de l'Eglise, malgré les considérations de tout genre que je lui ai présentées pour qu'il fit droit à mes demandes, il a continué à me priver de mes moyens d'existence. Et pourquoi cela? C'est sans aucun doute pour me prendre par la famine, pour qu'il me soit matériellement impossible de faire triompher le droit que j'ai à ce qu'on respecte mon droit de célébrer et d'occuper un poste, comme tous les autres prêtres dignes du diocèse.

Ainsi donc, quoique mes réclamations soient fondées et que mes moyens pour les faire accepter soient très-légitimes, Monseigneur use du pouvoir qu'il a de m'enlever la messe et par là mes seules ressources pour vivre, pour qu'il me soit pécuniairement impossible de faire triompher mon droit. J'appelle encore cela du despotisme, et le mot ne me paraît pas trop fort. Ne pourrais-je pas aussi l'appeler de la cruauté? Lecteurs qu'en dites vous?

Ce n'est pas tout. Dès Novembre dernier mon évêque a défendu au curé de mon village de me laisser porter le surplis aux offices du dimanche. C'est là un commencement de dégradation que mon évêque m'infligeait aux yeux de tous mes compatriotes. Plus tard il lui a fait même un ordre de me refuser la communion que je demandais comme un laïque, pour me consoler de la privation du saint sacrifice. Or, d'après les lois de l'Eglise on ne refuse la communion qu'aux pécheurs qui en sont notoirement indignes. Mon curé donc, de part la volonté de mon évêque, doit me traiter comme un grand pécheur. Mais quel est mon péché? Quel est mon grand motif d'indignité? C'est toujours parce que je compte sur la toute puissance du droit, et que je veux obliger mon évêque à s'incliner devant mon appel à l'opinion publique, au jugement de tous les amis de la justice et du droit, pour obtenir des choses qu'il me doit en justice et que je l'ai supplié mille fois de m'accorder par les seules voix de la douceur. Voilà mes seuls torts.

On le voit donc. C'est sans motif légitime que mon évêque me déshonore aux yeux des populations au milieu desquelles je vis. Après m'avoir enlevé les moyens d'existence par la privation de la messe, il s'en prend à mon honneur, à la confiance dont je puis jouir autour de moi. Il me dépouille donc de tous les biens qu'il peut saisir dans ma personne. Et tout cela pourquoi? C'est pour qu'il n'ait pas le dessous dans sa lutte contre moi, quoique le tort soit de son côté. C'est pour arriver par tous les moyens possibles à l'impunité pour ses actes d'arbitraire, contre un prêtre dont le seul grief est d'exiger le respect de ses droits.

En très bon français tout cela me paraît du despotisme au premier chef. Et d'après moi il s'en faut bien qu'il puisse en résulter de l'honneur pour l'évêque de Bayonne.

VII. Monseigneur, parce que je veux lui forcer la main, n'acquiert pas le droit de tout me refuser.

Je l'ai déja dit, après mes démonstrations publiques à Orthez j'ai exigé de Monseigneur qu'il ne me rendît pas victime de mon courage à demander les réparations de justice que me devait M. Lassalle, curé doyen de Ste Marie d'Oloron, et qu'il me promit un poste qu'on n'eut pas le droit d'appeler un poste de punition. Monseigneur m'a répondu que tant que je voudrais lui forcer la main, je n'obtiendrais rien de lui, absolument rien, pas même de dire la sainte messe. Il sera facile de comprendre que Monseigneur en me tenant un pareil langage a écouté les instincs de son autoritarisme, et qu'il viole gravement mes droits en se conduisant en conséquence depuis si longs jours.

En effet, si ce que je demande à mon évêque était abandonné à son bon plaisir, à sa bienveillance, à sa liberté, je comprendrais qu'il put me le refuser par le fait seul que je veux lui forcer la main. Mais si j'ai un droit réel de charité et de justice, comme je l'établirai très-clairement plus bas à ce qu'il me rende la messe et qu'il m'acorde un poste, il ne saurait acquérir la liberté de me refuser ces choses, parce que je veux le contraindre à reconnaître et à respecter mon droit. Ce droit que j'ai contre Monseigneur d'être traité comme les autres prêtres, de dire comme eux la sainte messe et d'occuper une position hiérarchique dans mon diocèse, c'est un bien très-réel que je possède et même un bien de la plus grande importance. Car il me donne la possibilité de sortir de l'état de misère où me laisserait mon manque de fortune de vivre de la vie de mon état et de figurer avec honneur et convenance dans la société.

Or, les hommes se passionnent naturellement avec raison pour les biens d'une grande importance. Ils les défendent avec ardeur, ils les revendiquent avec énergie. Et s'ils trouvent des adversaires qui veulent les dépouiller de ces biens ou les empêcher de les obtenir, ils s'irritent contre eux, ils se montrent prêts à prendre les moyens les plus énergiques, même les plus violents, pour conserver la tranquille possession de leurs biens. Si donc je vois mon évêque porté à ne pas me traiter selon mon droit, il est tout naturel que je lui tienne le langage de la fermeté, que je me montre prêt à faire valoir mes légitimes prétentions par tous les moyens en mon pouvoir, et que je lui dise au besoin, com-

me je l'ai fait avec assurance, que je ne lui permettrai pas de me
refuser impunément ce que j'ai le droit de lui réclamer en justice.

Ce serait sans doute très commode pour les supérieurs d'acquérir le droit de tout refuser à leurs inférieurs, parce que ceux-ci
ne veulent pas s'en remettre à leur bon plaisir et les arbitres ab-
solus de leurs destinées.

Mais il importe aussi, à cause des excès de pouvoir qui sont
très naturels aux hommes constitués en dignité, même à des
évêques, qu'il y ait pour les inférieurs des droits très réels qu'il
ne soit pas permis aux supérieurs de fouler aux pieds, de détruire selon leur bon plaisir. En voulant forcer la main à mon évêque je perds le droit, je le reconnais, de rien obtenir au-delà de
ce qui m'est dû; mais mon évêque ne saurait non plus acquérir
celui de tout me refuser, ni de me traiter comme un indigne tandis que je ne le suis pas.

VIII. L'obstination de mon évêque à me refu-ser justice est très condamnable. — Les amis de la religion devraient pétitionner pour la faire cesser.

Aujourd'hui Monseigneur Ducellier doit avoir acquis la certitude qu'il lui est impossible de m'empêcher de vendre des brochures et de lui reprocher dans des allocutions publiques de ne vouloir pas réparer l'injustice dont je me plains. Depuis bientôt un
an que je me suis offert à renoncer à la revendication éclatante de
mes droits, s'il obtenait du Pape la condamnation des principes
qui dirigent ma conduite, il a eu le temps de s'assurer qu'il ne
pouvait rien espérer du côté de Rome, ni des lois de l'Eglise
pour m'obliger au silence. Il sait aussi qu'il a frappé en vain à
toutes les portes des autorités civiles pour faire cesser mes appa-
ritions dans les rues des villes.

Lorsque j'étais à Orthez où je me suis plaint un grand nombre
de fois publiquement de mon curé de canton, il a échangé plusieurs lettres avec le sous-préfet pour obtenir sans doute qu'on
sévit contre moi. Il a imploré aussi, mais inutilement, l'intervention du Ministre de la Justice, comme me l'a assuré le Sous-Préfet d'Orthez. Le Procureur Général de Pau qui, comme on le sait,
commande à toute la gendarmerie et à toutes les autorités judiciaires du département, m'a montré un grand nombre de lettres
me concernant qui venaient de l'évêché de Bayonne. Il ne m'en a
pas permis la lecture: mais je ne doute pas qu'elles devaient avoir
pour but d'obtenir de la première autorité répressive du département qu'on empêchât l'abbé Rachou de forcer son évêque, par
la pression morale de la conscience publique, à lui accorder une
justice dont il ne veut pas entendre parler.

Est-ce que le Procureur de la République et le Tribunal de Bayonne n'auraient pas été enchantés d'avoir à poursuivre et à punir autre chose qu'un prêtre qui avait conservé pendant 3 heures
de temps une soutane, dont il devait lui coûter naturellement
de se dépouiller ? S'ils avaient pu me poursuivre pour avoir ven-

du mes brochures dans les rues des villes, ou bien plutôt encore pour avoir prononcé des allocutions publiques où je reprochais à mon évêque de ne vouloir pas se conduire envers moi d'après les devoirs que la religion lui impose ; ou bien si l'évêque avait pu déclarer que sa conduite envers moi ne peut pas constituer une injustice attendu qu'il ne me devrait pas ce que je lui demande impérieusement, ou qu'il a des raisons très fondées pour me le refuser, est-ce que les autorités judiciaires de Bayonne, le Procureur aussi bien que les Juges qui ont pris avec tant d'ardeur la défense de l'honorabilité et de la dignité de mon évêque fort compromises par mes réclamations très légitimes, n'auraient pas préféré mille fois me poursuivre, ou comme employant pour arriver à mon but des moyens que la loi n'autorise pas, ou comme calomniant mon évêque en lui reprochant une injustice qui n'existe point, plutôt que de me faire subir sans motif 9 jours de prison préventive et de me condamner ensuite à uu mois de prison, pour n'avoir pas quitté mon costume de prêtre, immédiatement après la défense de mon supérieur ?

Ah certainement il faut conclure de la conduite du Parquet de Bayonne et de celle de Monseigneur, qu'il n'y a pas de prise légale pour arrêter mes réclamations éclatantes dans les rues des villes.

Que faire donc ? Moi je suis très décidé, Monseigneur le sait et je le déclare très hautement, à voyager s'il le faut dans 200 villes de France et à me plaindre partout, comme je l'ai fait dans neuf villes de mon département, de ce que mon évêque ne veut pas pratiquer envers moi les devoirs que la religion lui impose, de ce qu'il ne veut pas respecter les droits qu'elle me donne pour me défendre contre ses caprices de supérieur.

Dès le moment que mes plaintes publiques ne sont pas contraires aux lois de l'Église ni au bien de la religion, comme j'ai tout lieu de le croire aujourd'hui, après avoir fourni si souvent à mes supérieurs ecclésiastiques l'occasion de m'avertir si je me trompais, je suis résolu à faire valoir mes droits et on n'obtiendra pas que j'en fasse l'abandon. Et aucune puissance au monde ne peut exiger de moi ce sacrifice, bien qu'au fond il ne dut pas me coûter beaucoup, si je me déterminais à le faire Je suis d'avis que le bien de la religion ne peut pas demander qu'un bon prêtre renonce à ses droits réels, pour faire triompher l'amour-propre de son évêque.

En face de cette résolution inébranlable où je suis de faire respecter mon droit, il importe que Monseigneur se décide ou qu'on le décide promptement à faire cesser le scandale produit par mes plaintes éclatantes.

Car ma brochure ne peut faire que du mal chez beaucoup de lecteurs. Elle montre un évêque qui ne veut pas absolument se conduire comme la religion l'exige, qui ne veut pas remplir les devoirs de charité et de justice qu'elle lui impose, qui se refuse à respecter les droits que l'abbé Rachou possède contre lui. C'est là sans contredit un exemple d'autant plus funeste, qu'il vient d'un représentant très élevé de la hiérarchie ecclésiastique. Les petits on le sait, sont très portés à régler leur conduite sur l'exemple des grands et surtout sur les exemples des prêtres et des évê-

ques qui sont les représentants et les défenseurs de la morale
destinée à réprimer les penchants vicieux du cœur humain et
qui doivent être les premiers à la pratiquer.

Monseigneur Ducellier en permettant qu'un de ses prêtres lui
reproche en vain, depuis longtemps et dans un grand nombre
de villes, de ne pas remplir les devoirs de la morale auxquels il
est obligé de croire, laisse supposer que les devoirs imposés par
la religion n'ont rien de sérieux, qu'ils sont livrés au bon plaisir
de chacun, qu'on peut les laisser de côté, lorsque son orgueil ou
son intérêt, ou quelqu'autre passion le conseille. Oh! quel exemple désastreux pour le bien de mes lecteurs ne pose pas Monseigneur, par son obstination à ne pas rendre les armes devant mon
courage à réclamer justice, à demander qu'il fasse taire les prétentions de son amour-propre, afin de se conduire comme l'intérêt spirituel des âmes le demande !

D'ailleurs mon évêque est placé entre deux feux, entre deux
humiliations dont il doit nécessairement subir l'une ou l'autre.
S'il ne veut pas de l'humiliation qu'il y a pour un supérieur à
reconnaître qu'il s'est trompé, qu'il a commis une faute, ce qui
est si facile même à des hommes distingués, souvent sans qu'ils
y pensent, il aura à dévorer l'immense humiliation qu'il y a pour
un évêque, de supporter que des milliers de lecteurs lui repro-
chent avec raison de ne pas se conduire comme la religion le
lui demande, de ne pas respecter les devoirs de la morale pour
laquelle il ne devrait en aucune façon afficher un mépris public,
de ne pas faire cesser un scandale qui deviendra tous les jours
plus grand, à mesure que mon imprimé se répandra davantage
et que Monseigneur aura résisté plus longtemps aux raisons
nombreuses qui lui conseillent de mettre fin à notre lutte.

Non, il n'est pas beau, il n'est pas honorable pour la religion
qu'on puisse dire d'un évêque qu'il veut absolument que le droit
et la justice soient sacrifiés à son orgueil administratif, que les
passions humaines auxquelles Jésus-Christ dont Monseigneur
Ducellier est le représentant, a fait si fortement la guerre, et par
ses leçons et par ses exemples, l'emportent sur les prescriptions
de la belle morale de l'Evangile.

Tout le monde doit le comprendre : le scandale donné par la
conduite de mon évêque qui ne veut pas s'exécuter, est un très
grand mal qu'il faut faire cesser au plus tôt. Ce n'est pas moi
qui rendrai les armes, si je ne suis pas dans le tort, si on ne peut
pas condamner ma conduite. J'ai commencé ma campagne par
faire triompher le droit ; et je ne consentirai pas à des conces-
sions qui me représenteraient comme vaincu, tandis que je dois
être vainqueur.

Il faut donc obtenir que Monseigneur Ducellier capitule devant le droit du petit abbé Rachou, quoiqu'il en coûte à un supérieur de se résigner à une pareille humiliation. Mais cela de-
vrait-il être pénible à des évêques qui doivent être des hommes
consommés en vertu ? D'ailleurs coûte que coûte, il le faut. Si
l'abbé Rachou a raison, il veut à tout prix qu'un hommage éclatant soit rendu à la toute puissance du droit et de la morale chrétienne, qui auront forcé un évêque à poser des actes humiliants
pour son amour-propre, à accorder à la fin à l'abbé Rachou ce

qu'il aurait dû lui donner dès le commencement, sans que le public eût à s'en occuper.

Mes déterminations étant telles et mon droit pour les faire prévaloir étant incontestable, convient-il que les amis de la religion prennent fait et cause pour mon évêque et qu'ils continuent à vouloir qu'il ait raison, quand même ils verront avec la clarté du soleil qu'il est mille fois dans son tort ? Ah si ce parti-pris très-respectable dans un sens en faveur d'une autorité religieuse si élevée et si digne de sympathie en elle-même, pouvait donner à mon évêque contre moi des moyens de répression efficaces que les lois civiles et ecclésiastiques lui refusent, je comprendrais qu'on voulut continuer à se prononcer contre moi et à contribuer au triomphe d'une puissance spirituelle très vénérée contre les exigences de ma petitesse. Mais à quoi pourraient servir les sympathies des gens amis de l'autorité épiscopale et l'approbation qu'ils donneraient à la conduite de mon évêque obstiné dans son refus de justice, si ce n'est à le fortifier dans son amour de l'arbitraire et dans la volonté si fâcheuse qu'il montre depuis longtemps de préférer le scandale causé par mes plaintes très légitimes, plutôt que de résister aux inspirations de son amour propre administratif, de réparer comme il le devrait une faute commise envers moi et de faire rentrer mon affaire dans le silence en me traitant selon mon droit ?

Le seul parti sage, d'après moi, auquel doivent s'arrêter les personnes religieuses, c'est de se rendre bien compte de la légitimité de mes plaintes, de se donner par conséquent la peine de lire ma brochure, du moins dans ses parties les plus importantes, de bien se demander s'il est impossible, comme je crois l'avoir démontré, qu'on m'empêche de continuer la manifestation publique de mes griefs contre mon évêque, et d'agir pour que Monseigneur Ducellier mette fin à notre lutte en m'accordant satisfaction, puisqu'on ne trouvera pas d'autres moyens pour obtenir de moi le silence. Oui il faut que mon affaire rentre dans les ténèbres le plus tôt possible. Et pour cela les gens religieux ne doivent pas se faire un devoir de me faire une guerre passionnée, en se déclarant hautement contre moi. Ils doivent au contraire unir leurs efforts, employer au besoin l'intervention des personnages influents, pour que ma querelle touche au plus tôt à son terme, pour que Monseigneur Ducellier m'accorde par conséquent ce que je lui demande, s'il demeure établi qu'on ne peut pas m'empêcher de le lui réclamer publiquement, comme je suis très-déterminé à le faire, autant qu'il faudra, pour arriver au triomphe définitif.

Je propose aux personnes aimant la religion dans les diverses villes où je vendrai des brochures, de se concerter pour faire signer par un aussi grand nombre que possible, une pétition à Monseigneur l'évêque de Bayonne. On lui demanderait par exemple, qu'il s'empresse de mettre au plus tôt un terme à notre différent en m'accordant ce que je lui réclame s'il ne lui est pas possible de me faire taire avec le concours ni des lois civiles ni des lois ecclésiastiques. Je rappellerai ce que j'ai déjà dit. Si Monseigneur Ducellier avait des raisons pour me refuser ce que j'exige au nom du droit, il n'y aurait plus d'injustice dans sa conduite envers moi. Par conséquent comme je la lui reproche, et dans ma brochure et dans mes allocutions publiques, il pourrait me faire poursuivre et punir comme calomniateur, et il n'aurait certainement pas manqué de le faire jusqu'à ce jour. Je le reconnais d'ailleurs, il aurait été dans son droit ; et je ne comprendrais pas moi-même qu'il n'en eût pas profité dans l'intérêt de la religion et de son honneur épiscopal.

IX. Si mes plaintes publiques me rendaient mauvais prêtre, le Pape me les aurait fait défendre — Au contraire une lettre des siennes les suppose légitimes.

Dans le cas où ma lutte éclatante contre l'arbitraire de mon évêque me rendrait mauvais prêtre, je ne comprendrais pas, je le déclare, ni la conduite de la Providence ni celle de tous mes supérieurs à mon égard. Je crois avoir fait tout ce qu'on peut désirer, pour m'assurer que la défense de mon droit telle que je la pratique ne déplaisait pas à Dieu. Je me suis senti toujours très-fort de la droiture naturelle de mes intentions, du peu de cas que je fais de mon propre triomphe et de la disposition où je me suis trouvé, dans tous les temps, de renoncer à tout ce que je fais, si Dieu me le demandait ou si le bien de la religion l'exigeait.

Je comprends que la partie doit se sacrifier pour le tout, qu'un soldat doit mourir pour la patrie et qu'un prêtre ne serait pas véritablement digne de l'amour de Dieu, ni de l'estime des hommes, s'il mettait son intérêt personnel et le triomphe de sa cause au-dessus des intérêts généraux d'une religion descendue du ciel.

Dans les quatre dernières pages de cet opuscule, j'affirme sous la foi du serment des choses qui prouvent combien Dieu m'a donné une nature droite dans ses vues, combien je serais éloigné, si la religion devait en souffrir, de faire des éclats auxquels je me livre sans aucun remords de conscience, combien j'ai fait d'efforts pour m'assurer que Dieu ne condamnait pas mes moyens d'action pour obtenir justice, combien surtout je répugnerais à les employer, si je croyais par là agir en mauvais prêtre.

Je n'ai pas voulu m'en rapporter à moi-même sur une question aussi grave. J'ai consulté 28 professeurs de morale dans 25 grands séminaires de France. Comme je m'attendais à ce que presque aucun ne voulut m'écrire si j'avais raison, je leur ai déclaré à tous que je m'appuierais sur le silence de chacun d'eux comme sur autant d'autorités en ma faveur, et que si le grand nombre me donnait ainsi raison, je me croirais autorisé à agir et à faire les éclats que je me permets et dont je les avais avertis. Dans ces circonstances, tous ces professeurs me devaient une réponse, dans le cas où ils m'auraient condamné. Et je n'en ai reçu que de cinq, dont deux seulement se sont déclarés contre mes principes. Comme ces professeurs sont les hommes spéciaux qui par état doivent savoir si j'ai raison ou si j'ai tort ; ils auraient contribué par leur silence à me croire fondé en droit, et la responsabilité du scandale donné retomberait sur eux d'après tous les principes de la religion. Les hommes qui ont qualité pour parler doivent, comme Dieu lui-même, la lumière à ceux qui la demandent et la cherchent sincèrement.

J'ai interrogé plus tard jusqu'à 5 fois le Pape dans le même sens, lui déclarant comme aux professeurs, que s'il ne me faisait rien dire, j'en conclurais que mes éclats pour obtenir justice de mon évêque ne sont ni condamnés ni condamnables, que par conséquent je me les permettrais sans aucun scrupule.

Non-seulement le Souverain Pontife ne m'a rien fait dire pour me désapprouver, mais je possède même une lettre écrite par son ordre qui me donne implicitement raison. Voici comment j'ai le droit de parler ainsi.

Après ma campagne d'Orthez, voyant mon évêque très-décidé à me refuser justice, je voulais publier une brochure que j'aurais vendue dans les villes de France autant que je l'aurais pu. Je voulais lui donner pour titre : *le despotisme ou l'arbitraire des évêques et la liberté du prêtre pour les combattre*. Aujourd'hui après mon expérience des choses et des hommes, je crois plus que jamais que les actes d'arbitraires et même de despotisme sont très-naturels aux hommes possédant autorité, surtout s'ils sont portés par caractère à un grand esprit de domination, comme cela peut arriver aux hommes les plus recommandables, les plus dignes d'honneur et de gloire. De grands défauts, on le sait, accompagnent souvent de grandes qualités et même de grandes vertus : ainsi le veut le Créateur de toutes choses.

D'après moi donc les évêques peuvent faire du despotisme, et ils en font certainement plus qu'il ne faudrait, et surtout beaucoup plus que la religion ne les y autorise. Mais cela leur arrive, qu'on le remarque bien, non pas parce qu'ils sont évêques ou que quelque principe de religion les y porte, mais parce qu'ils restent hommes tout en devenant évêques, et qu'ils conservent dans le plus intime de leur être les inclinations perverses de la nature humaine, que les efforts de vertu peuvent bien combattre et affaiblir considérablement, mais qu'ils ne réussiront jamais à détruire en entier.

Les principes qui faisaient comme l'âme de ma brochure, c'est qu'un prêtre victime comme moi d'une injustice, peut après avoir averti les supérieurs intéressés, dénoncer leur conduite condamnable à l'opinion publique, en publiant comme je le fais, des brochures et en se permettant des allocutions dans les rues des villes. Le Pape auquel j'ai soumis avant de la publier, ma brochure sur le despotisme des évêques, m'a fait défendre de donner suite à mon projet, déclarant que *la brochure a été jugée à Rome*, ce sont les termes de la lettre, *offensante pour l'épiscopat et le clergé français*.

De ce langage je crois avoir le droit de conclure que mes plaintes publiques sont légitimes. En effet ce qui faisait le fond de ma brochure, c'est le droit qu'a tout prêtre d'avoir recours à ce moyen fâcheux, s'il est victime d'une injustice qu'on ne veut pas lui réparer. Dans le cas où mes principes sur ce point que j'exposais et que je défendais longuement dans mon écrit auraient été faux, le Pape n'aurait pas manqué de me dire, que ma brochure, non seulement était offensante pour l'épiscopat et le clergé français, mais encore qu'elle était contraire aux droits des évêques et au bon gouvernement de l'Église. Le silence du Pape sur ce point prouve que les plaintes publiques dont j'établissais la légitimité dans mon manuscrit, sont dans le droit de quiconque peut reprocher une injustice à ses supérieurs, du moins si son affaire est du ressort du bon sens public. J'ai toujours mis cette condition que je crois essentielle.

Mais on m'a dit bien des fois : M. l'abbé vous êtes prêtre et en cette qualité ministre de Jésus-Christ qui vous a donné l'exemple de l'humilité, de la patience, de la résignation, du pardon des ennemis. Lui aussi a été victime de l'injustice des hommes, puisqu'il en est mort sur la croix, et il ne s'est pas plaint comme vous le faites, et il n'a pas dénoncé au public la conduite indigne de ceux qui l'ont traité comme il ne le méritait en aucune façon.

J'admets ce langage, et j'accorde qu'en agissant comme je le fais je n'imite pas le silence, ni ne pratique pas l'amour des humiliations et des mépris comme mon divin Sauveur. Mais il faut distinguer les conseils et les préceptes dans les exemples et les enseignements de notre Dieu. Il a bien dit dans son Evangile : *heureux les pauvres: malheur à vous riches. Si vous voulez être parfait, allez vendez ce que vous avez, donnez-le aux pauvres et suivez-moi.* Et lui-même a pratiqué comme on le sait, la pauvreté, d'une façon que peu d'hommes se soucient d'imiter.

Or, combien de riches bons chrétiens qui se prononcent contre moi et qui ne jugent pas à propos de pratiquer les conseils de Jésus-Christ appuyés par ses exemples sur l'emploi et le mépris des richesses comme sur l'amour de la pauvreté ! De quel droit les personnes fortunées ou seulement aisées qui me font la guerre, pourraient-elles exiger que je suive les conseils et les exemples de Jésus-Christ qui regardent ma situation, tandis qu'elles ne songent pas à imiter elles-mêmes ceux qui regardent leur propre situation ? Ne pourrais-je pas leur dire : *medice, cura te ipsum; médecin guérissez-vous vous même.*

Etablissons que nous ne sommes pas obligés d'imiter tout ce qu'à fait notre divin Sauveur, modèle achevé de toute perfection. Moi, si j'abandonnais mon droit, si je me condamnais au silence, à la résignation, je pratiquerais bien les conseils de l'Evangile; j'imiterais mon Sauveur qui a accepté sans proférer une plainte les traitements les plus indignes, les plus immérités. Mais je ne suis pas obligé de le faire, quoique cela m'eût coûté, vu les bonnes dispositions de ma nature, peut-être beaucoup moins qu'au grand nombre des prêtres. Je puis agir comme le commun des hommes et même des bons chrétiens qui tiennent à la conservation de leurs biens et de leurs droits et qui exigent que leurs contradicteurs se conduisent envers eux, comme ils voudraient eux-mêmes qu'on le fît à leur égard.

Mais si je n'imite pas les exemples de mon Sauveur en demandant une justice qui m'est due, et en faisant des éclats pour qu'on me l'accorde, est-ce que mon évêque de son côté imite son Sauveur en me refusant une justice qu'il me doit, et en préférant les éclats les plus fâcheux plutôt que de se conduire, non pas d'après les conseils, mais d'après les préceptes de la morale que Jésus-Christ a prêchée au monde? Est-ce que Jésus-Christ n'exige pas beaucoup plus fortement d'un évêque qu'il pratique les devoirs essentiels qu'il n'a pas abandonnés à la liberté et au bon plaisir de chacun, qu'il n'exige de moi que je m'attache aux conseils, à l'amour des humiliations et des injustices dont il n'a pas fait un commandement ?

D'après moi les prêtres et les évêques doivent l'exemple à ceux qui les entourent, non pas tant de la pratique des conseils dont le très grand nombre des hommes ne veulent pas, mais du respect, de l'amour et de l'accomplissement des devoirs rigoureux, dont le mépris porte préjudice à ses semblables et occasionne un scandale d'autant plus grand, d'autant plus désastreux pour le bien de la société, qu'il vient d'hommes plus élevés dans la hiérarchie ecclésiastique, plus obligés par conséquent de donner l'exemple du respect des obligations morales et des droits de tous les hommes.

X. Mon évêque se croira-t-il obligé de reconnaître mon droit, si je continue à lui forcer la main ? — Serai-je le pot de terre se brisant contre le pot de fer ?

J'ai trouvé bien des hommes intelligents appartenant à la classe éclairée, qui m'ont dit que j'avais parfaitement raison, mais que malgré cela je n'obtiendrais jamais rien, parce que mon évêque ne consentira pas à s'avouer vaincu, à rendre les armes devant les moyens désagréables que j'emploie pour triompher de ses résistances. Cela ne peut être mon avis.

En effet mon évêque ne pourra pas, ne devra pas supporter que je lui reproche, s'il le faut par 200 mille brochures et dans toutes les villes de France de ne vouloir pas dans la pratique respecter la morale qu'il prêche aux autres, ni reconnaître des droits que le bon sens de tous m'accordera contre lui. Si Monseigneur Ducellier était assez oublieux des convenances, de sa dignité personnelle et des intérêts de la religion que son refus de justice compromet notablement, tout l'épiscopat français, tous les bons catholiques, le Pape lui-même seraient là pour exiger que mon affaire rentre dans le silence et que la justice triomphe, quand même elle ne sera pas du côté de mon évêque. Je vais jusqu'à déclarer que le Pape pourrait interdire Monseigneur Ducellier, l'excomunier et même le déposer, s'il lui commandait de s'exécuter à mon égard suivant les exigences du droit, et que mon évêque se refusât à obéir au commandement du chef suprême de l'Eglise.

Je ne m'attends donc nullement à ce qu'on puisse dire que j'ai renouvelé l'histoire du pot de terre se brisant contre le pot de fer. Car tout petit prêtre que je suis, avec mon droit, avec mon courage et la prudence que je me suppose pour agir, je serai, le pot d'airain luttant contre le pot de fer ; par conséquent la victoire devra me rester. Oui, mon droit, pourvu qu'il soit réel, me met au-dessus de mon évêque. Ma personne lui est très inférieure sans doute; mais mon droit est au-dessus de lui, il est plus fort que lui, il lui dicte les lois. Il doit donc l'accepter, le respecter tel qu'il est. Il n'est pas en son pouvoir de le mettre de son côté, tandis que les lois éternelles de la justice le mettent du mien. Car le droit à la justice, non seulement pour le prêtre mais pour chaque homme quel qu'il soit, pour le plus pauvre comme pour le plus riche, est fondé sur les lois immuables de la justice divine qui en sont le type premier et indestructible.

De plus, un évêque, qu'on le remarque bien, ne peut pas permettre qu'on lui reproche de ne pas agir selon la justice, de ne pas respecter les droits réels de ses inférieurs, parce qu'alors il laisserait entendre par sa conduite qu'il ne croit pas à la morale qu'il prêche, qu'il ne fait que de l'hypocrisie, en recommandant la pratique d'une religion qu'il ne trouve pas à propos d'observer lui-même. Ah! je le dis sans hésiter, si j'appartenais à une administration autre que l'administration ecclésiastique, si j'avais à me plaindre de n'importe quel supérieur laïque, je n'oserais pas espérer le triomphe de mon droit, Tous mes efforts pour obtenir par la force qu'on me traitât selon la justice se briseraient, je le crois, contre le parti pris de mes supérieurs qui ne voudraient pas capituler devant mes exigences. Que j'allasse parler de morale, de lois de charité et de justice, de respect dû aux hommes dignes, à d'autres supérieurs qu'à des évêques ou des prêtres, et qu'en vertu de ces grandes choses je demandasse qu'on respectât mes droits, la plupart des supérieurs dont je me plaindrais m'enverraient promener. Ils se contenteraient de me dire qu'ils sont les maîtres, qu'il ne leur plaît pas d'écouter mes réclamations, et ils paraîtraient n'éprouver aucun remords de se mettre dans leur conduite en contradiction avec les lois morales que j'invoquerais en ma faveur.

Mais les évêques ne peuvent pas agir avec la même liberté, le même sans-façon. Ils sont les représentants très élevés de la morale, du devoir, de la conscience. Ils doivent prêcher à tous, qu'un chrétien ne doit pas attendre pour remplir ses devoirs et rendre à chacun ce qui lui est dû, qu'on puisse l'y forcer en ayant recours aux tribunaux et à la force armée; qu'il suffit qu'une obligation existe envers ses semblables, pour que tout homme désireux de suivre sa religion s'empresse de la remplir, quand même les intéressés ne pourraient pas l'y contraindre. Les évêques et les prêtres n'inspirent confiance et ne conservent sur les peuples cet ascendant, ce prestige qui leur est si utile pour le bien de la religion, qu'autant qu'ils se montrent les hommes du devoir et de la conscience, qu'autant que leurs actes ne paraissent pas en opposition avec leurs paroles, qu'autant surtout qu'on ne peut pas leur reprocher de faire supposer par leur conduite qu'ils ne sont que des comédiens, des hommes ne croyant pas aux devoirs qu'ils enseignent aux autres.

Un évêque doit donc se montrer beaucoup plus délicat, plus scrupuleux que les autres hommes envers les obligations morales que la raison et la religion lui imposent. Il ne peut pas dire, comme les supérieurs laïques, qu'il se moque de la morale, qu'il n'a que faire des lois de charité et de justice, et qu'il lui suffit d'être le maître, pour ne pas supporter que ses inférieurs lui demandent avec hardiesse de remplir ses devoirs et de reconnaître leurs droits.

XI. Faits qui ont provoqué ma lutte avec mon évêque de Bayonne.

Pendant longtemps, j'ai cru que la nature m'avait fait pour être un prédicateur distingué. Je me trouvais posséder à un degré remarquable le talent de l'action oratoire, et beaucoup de lecteurs savent l'importance qu'attachait à cette partie de l'éloquence un des orateurs de l'antiquité. On lui demandait un jour quelle est la première qualité que doit posséder un orateur pour produire de grands effets par la parole. Il répondait: l'action. Et la seconde? L'action. Et la troisième? L'action. Pour cet homme donc, qui possédait lui-même l'action oratoire à un degré éminent, l'action était une qualité essentielle, pour que les hommes portant la parole en public, puissent produire sur leurs auditeurs tous les effets qu'il leur est permis d'ambitionner.

Il ne m'a pas été difficile à aucune époque de ma vie de partager en fait d'éloquence l'opinion de cet oracle de l'antiquité. Mille fois peut-être, lorsque je parlais en chaire, je me suis dit, en me trouvant une facilité qui me semblait magique pour exprimer au dehors par la voix et le geste, avec une variété et une richesse de couleurs dont je m'étonnais moi-même, les diverses émotions qui s'emparaient de mon âme: tu es né pour être prédicateur. Tu as tout ce qu'il te faut pour faire un grand bien par le talent de la parole et par les richesses de ton éloquence.

Mais hélas ! toutes mes qualités n'étaient pas au complet. Je ne me suis jamais trouvé la facilité qu'il m'aurait fallue pour traiter toujours avec bonheur les sujets savants et relevés qu'un prédicateur de profession doit aborder devant les auditoires exigents. J'ai espéré pendant longues années acquérir cette facilité là qui ne me paraissait nullement au dessus des forces de mon esprit. Et c'est pour cela qu'ayant abandonné le ministère paroissial de mon propre mouvement, il y a déjà neuf années, je me suis consumé en efforts inutiles pour acquérir à un degré suffisant, la qualité dont je me trouvais dépourvu, pour parcourir avec la distinction dont j'avais besoin, la carrière de prédicateur séculier, dans laquelle seule j'ai été porté à utiliser mes aptitudes oratoires.

J'ai donc dû renoncer à une carrière où je ne pouvais pas réussir convenablement. Le mois de Janvier 1881 je demandai un poste de curé à Monseigneur qui se montra très disposé à me l'accorder. Dans le voisinage de mon village natal se trouvait une commune nommée Aren, qui depuis quelque temps n'avait pas de curé. Il m'aurait convenu de devenir curé de cette commune et je demandai à Monseigneur qu'il voulut m'en confier le service provisoire que faisait un autre curé voisin, s'il n'acceptait pas de m'y nommer de suite desservant. Mon évêque s'empressa de me confier ce provisoire. Je le fis si bien à la satisfaction de tout le monde, que les hommes majeurs signèrent à l'unanimité une pétition, pour que Monseigneur voulut me nommer leur curé.

Bien des jours s'écoulèrent sans que Monseigneur parut tenir compte de ce vœu des habitants d'Aren : et sur ces entrefaites la paroisse d'Urdos plus avantageuse·sous plusieurs rapports a tenté mon ambition. Je me suis absenté un dimanche pour tacher d'en devenir curé, d'autant plus que je ne savais nullement si Monseigneur se souciait de me faire curé d'Aren dont les habitants avaient pétitionné en ma faveur. Mes efforts n'aboutirent pas pour arriver à Urdos

J'avais désigné un curé de mon choix pour me remplacer à Aren, le dimanche de mon absence. Mais M. Lassalle curé à Ste Marie doyen du canton, devait intervenir pour agréer ce choix. Et ce curé de canton nourrissait contre moi des sentiments de malveillance dont je ne dirai pas à présent les causes, qui certainement ne justifieraient pas sa conduite blâmable envers moi. Il ne voulut donc pas confier le service d'Aren au curé que j'avais désigné. Il donna ordre à celui que j'avais remplacé moi-même de reprendre le service provisoire que Monseigneur m'avait confié, avec la défense très expresse de me laisser reparaître dans la paroisse, pour m'y permettre aucune fonction ecclésiastique.

Je dois dire que lorsque M. le doyen portait cette mesure de rigueur contre moi, de sa propre autorité, sans s'être donné le temps d'informer l'évêque, il savait que Monseigneur était décidé à me nommer desservant de cette commune ; mais moi je l'ignorais absolument. Aussi j'affirme avec assurance que ce doyen m'a fait une injustice manifeste en ordonnant de sa propre autorité, que je ne pourrais pas revenir à Aren où Monseigneur voulait me nommer, pas même pour reprendre le service provisoire, en attendant un autre titulaire. En faisant un acte d'autorité si arbitraire et en prenant ses précautions comme il l'a fait, pour que Monseigneur ne songeât pas à casser cette mesure si incompréhensible, mon doyen voulait qu'il ne fut plus question pour moi de devenir curé d'une paroisse où Monseigneur était décidé à me placer et qui avait pour moi des avantages très appréciables, surtout dans le mauvais état de fortune où je me trouvais.

Cette conduite de mon doyen contenait une injustice évidente dont j'ai voulu lui faire porter la peine, comme je crois très fortement en avoir le droit. J'ai dit à Monseigneur et à ce doyen, que si ce dernier ne me faisait pas reprendre le provisoire d'Aren qu'il m'avait enlevé sans motif, j'irais me plaindre publiquement dans sa propre ville, et ailleurs s'il le fallait, de ce qu'il voulait me rendre victime de l'injustice manifeste que contenait cet acte de rigueur contre moi, de ce qu'il ne voulait pas réparer sa faute, comme la religion et la conscience le demandaient.

Monseigneur au lieu de se laisser intimider par ce langage, m'a fait bien vite entendre que si je me permettais de pareilles menaces, je n'aboutirais à rien de bon. Et moi dès le premier jour, j'ai compté sur la toute-puissance du droit et sur l'obligation ou sont les supérieurs ecclésiastiques d'arrêter le scandale qu'ils donneraient si on pouvait leur reprocher de ne vouloir pas se conduire comme la religion, la charité, la justice et la conscience l'exigent.

Les difficultés immenses que j'avais rencontrées dans une autre lutte que j'avais déjà soutenue avec les Vicaires-Généraux de Monseigneur Lacroix, prédécesseur immédiat de notre évêque actuel de Bayonne, pour obtenir qu'on respectât des droits qu'on ne m'avait jamais contestés, avaient développé dans mon âme le sentiment profond de la justice, du respect que méritent les prêtres dignes et de la nécessité qu'il y a pour des prêtres et des évêques de ne pas afficher devant un public très porté à les condamner, le spectacle du mépris des lois morales qu'ils doivent prêcher et recommander aux autres.

J'étais donc convaincu que je pouvais obliger mon évêque à ne pas me rendre victime de mon courage à exiger que mon curé de canton réparât sa faute. Et j'ai voulu comme je veux absolument faire triompher ce droit, dans mon conflit avec Monseigneur Ducellier.

J'ai été exécuter plusieurs fois mes menaces dans la ville d'Orthez, une de nos villes d'arrondissement de 5,000 âmes. Une clochette à la main, je passais dans les rues et je me procurais facilement des auditeurs. Je me plaignais de ce que mon doyen consentait à ce que je lui reprochasse sa conduite condamnable envers moi, plutôt que de réparer sa faute et de me faire taire en m'accordant satisfaction.

Pendant que je me plaignais à Orthez, Monseigneur usant de son droit incontestable, a nommé un desservant à Aren et m'a enlevé par conséquent tout motif de continuer mes plaintes, puisque je demandais à reprendre le service provisoire que mon doyen n'aurait pas dû m'enlever, espérant qu'avec ce provisoire je pourrais arriver de nouveau à obtenir le titre de curé définitif de cette commune que mon évêque était déjà prêt à me donner, lorsque je m'absentai pour arriver, si je le pouvais, à une paroisse meilleure.

Lorsque j'eus appris qu'un curé avait été nommé pour Aren, je déclarai à Monseigneur, comme je le lui avais déjà dit avant de partir pour Orthez, que je ne permettrais pas qu'il me rendit victime de mon courage à demander que mon curé de canton réparât l'injustice que j'avais à lui reprocher ; que j'exigeais par conséquent qu'il me promit de me donner au plus tôt une desservance qu'on n'eut pas droit d'appeler un poste de disgrâce.

Monseigneur m'a répondu que tant que je me permettrais de lui parler de la sorte et que je voudrais lui forcer la main, je n'obtiendrais absolument rien de sa part, pas même de dire la messe.

Et moi j'ai dit et répété à mon évêque, sans manquer au respect que je lui dois, qu'un pareil langage était de l'arbitraire et que j'étais décidé à parcourir des centaines de villes de France s'il le fallait, avec une brochure à la main comme celle-ci ; que je me plaindrais, et par les accents de ma parole, et par le langage de ma brochure, de ce que mon évêque ne veut pas me traiter selon les exigences de la religion.

XII. J'ai des droits de charité et de justice contre Monseigneur.

Je viens de dire que mon évêque m'a déclaré, et il l'a fait plusieurs fois, que tant que je voudrais lui forcer la main, je n'obtiendrais rien de sa part, pas même de pouvoir célébrer la sainte messe. Oh! il devra bien oublier une pareille détermination qui n'est qu'un détestable despotisme, un mépris très certain et très condamnable des droits que j'ai à la charité, à la justice de mon évêque! Oui, Monseigneur Ducellier me fait une injustice manifeste en voulant me rendre victime de ma campagne d'Orthez et de mes démonstrations publiques dans les 9 villes où j'ai vendu des brochures en ne voulant rien m'accorder, pas même de dire la sainte messe, tant que je voudrai lui forcer la main. Je vais tâcher de rendre la chose évidente pour les esprits les plus bornés. Et je commence à établir que mon évêque, tout élevé qu'il est au-dessus de l'abbé Rachou, a des devoirs très sérieux de charité et de justice à observer envers lui.

Nous sommes frères, tous tant que nous sommes. Nous avons tous la même nature: nous nous sentons tous, sur les choses essentielles, les mêmes désirs, les mêmes besoins, les mêmes aspirations que nous voulons satisfaire. Nous courons après le bonheur par un penchant indestructible de notre être, et nous voulons tous ardemment être aimés de nos semblables. Car nous comprenons par instinct que ceux qui nous entourent ne nous feront du bien qu'autant qn'ils nous aimeront. Voilà pourquoi nous convenons sans peine que nous devons réellement, chacun de nous, nous faire un devoir d'aimer nos semblables. Car comment pourrions-nous exiger que les autres se croient obligés de nous aimer, s'ils pensaient qu'à notre tour nous ne voulons pas accepter le devoir de l'amour en leur faveur? Aussi, Dieu, créateur et conservateur de tous les hommes comme de tout le reste de l'univers, désirant que toutes ses créatures vivent dans la paix et présentent un spectacle digne des regards de leur auteur, a gravé profondément dans nos âmes la loi de l'amour fraternel et il nous rappelle les exigences de cette loi par les enseignements de sa religion.

Ajoutons qu'au point de vue surnaturel les hommes ont des liens de fraternité plus étroits et plus sacrés. D'après les enseignements de la foi catholique, nous sommes tous les enfants par adoption du même Père céleste, qui veut partager avec nous dans le ciel sa gloire et son bonheur, et qui, pour nous rendre dignes de si sublimes destinées, nous a donné le moyen, par la rédemption de son divin fils et par la communication de sa grâce, de nous assimuler sur la terre la nature même et les perfections de notre Dieu et de rendre ainsi notre âme réellement digne de ses munificences infinies.

Aussi l'Evangile nous recommande partout de vivre comme les enfants du même Dieu, de nous aimer, de nous faire du bien, comme des êtres en qui la foi nous fait trouver les titres les plus sacrés au respect, à la charité, au dévouement, à la générosité. Voilà pourquoi la religion nous crie, comme la nature, qu'il faut aimer le prochain, qu'il ne faut pas faire à autrui ce que nous ne voudrions pas pour nous-mêmes.

Voudrait-on admettre que les supérieurs ecclésiastiques, les évêques en particulier, sont dispensés de pratiquer la loi de la charité fraternelle? Cela n'est pas possible. Car nous savons que les petits sont très portés à régler leur conduite sur l'exemple des grands; qu'ils se scandalisent bien vite des oublis et des faiblesses qu'ils aperçoivent dans les hommes qu'ils croient plus capables qu'eux d'apprécier sainement les choses. Par conséquent le Créateur devait exiger que les hommes élevés au-dessus de leurs semblables par la supériorité de leur intelligence, ou par l'éclat de leur dignité, ou même par leur position de fortune, se montrent plus scrupuleux observateurs des lois morales, plus délicats pour respecter les droits, les biens et la dignité des hommes. Peut-on surtout se faire à l'idée que les évêques constitués par état les défenseurs les plus autorisés du devoir, de la conscience, de la religion, des vertus sociales et religieuses, soient dispensés de montrer dans leur conduite le respect des lois qu'ils doivent travailler de toutes leurs forces à faire aimer et pratiquer par tous les hommes?

Aussi personne ne voudrait soutenir que Monseigneur Ducellier n'est pas obligé d'aimer l'abbé Rachou comme un de ses prêtres, comme il voudrait à ma place être aimé lui-même; qu'il n'est pas tenu de me faire du bien comme aux autres, du moins s'il n'a rien à me reprocher; qu'il peut se permettre de me refuser à moi ce qu'il se fait un devoir d'accorder aux autres, s'il ne peut pas trouver dans ma personne rien qui me rende indigne de ses faveurs. Non, la charité chrétienne ne donne pas à mon évêque le droit de me frapper d'ostracisme, de me renier en quelque sorte, uniquement parce que je lui ai déplu, parce que j'ai affiché pour la justice et pour le respect de mes droits, un amour, un zèle, un courage inébranlable qu'il n'aurait pas voulu trouver en moi.

XIII Mon évêque me fait une injustice en m'empêchant de célébrer et en me refusant un poste.

J'ajoute que la justice fait un devoir à mon évêque, et de me rendre au plus tôt la liberté de dire la messe, et de me donner une cure, aussitôt qu'il le pourra. Quant à la liberté de célébrer, il est très-clair que j'y ai droit si mon évêque ne peut pas dire que j'en suis indigne, ou qu'il a besoin de me punir pour avoir manqué gravement à l'obéissance que je lui dois. Mais il ne peut me reprocher, je puis l'affirmer sans crainte d'être démenti, que d'avoir d'abord voulu obtenir réparation de l'injustice très manifeste dont M. Lassalle s'est rendu coupable envers moi, et aujourd'hui d'exiger absolument que lui-même m'accorde ce qui m'est dû, sans me punir pour avoir employé les plaintes publiques puisqu'elles sont dans mon droit. Rien de tout cela ne peut évidemment rendre un prêtre indigne de monter à l'autel. Il ne peut pas non plus me reprocher des actes de désobéissance. Car on ne désobéit en réalité qu'autant qu'on refuse de faire des choses que les supérieurs ont le droit de commander. Or aucun homme intelligent ne reconnaîtra à mon évêque le droit de me commander de ne point exiger que le Doyen de Ste-Marie réparât le tort qu'il m'a fait en m'empêchant sans motif de devenir curé d'une paroisse où Monseigneur me voulait, et que lui-même respectât le droit que j'ai à être traité comme un prêtre digne puisque je le suis.

Non je ne suis pas coupable de désobéissance, parce que je défends mes droits et que j'exige de Monseigneur qu'il répare l'injustice qu'il me fait en me poursuivant de rigueurs très-préjudiciables pour moi. Pourquoi donc, Monseigneur, me traiter de révolté, comme vous vous êtes plû tant à le dire et à le répéter? Ah je comprends. Ne trouvant pas de griefs réels contre moi, vous avez besoin d'en imaginer pour donner à vos rigueurs des apparences de justice. Le terme de révolté est un grand mot, propre à porter une atteinte grave à mon honorabilité, surtout étant prononcé par la bouche d'un évêque qui semble fait pour inspirer toute confiance.

Mais si j'étais un révolté, Monseigneur, dans le vrai sens du mot, ma conduite ne serait-elle pas celle d'un mauvais prêtre, puisque je manquerais gravement à l'obéissance que je vous dois? Dès lors ne pourriez-vous pas exiger de moi que je rentrasse dans le devoir, en vous accordant l'obéissance à laquelle vous pourriez prétendre? Et si je ne me rendais pas à vos injonctions, ne pourriez-vous pas déployer contre moi les armes les plus redoutables de votre puissance spirituelle pour me punir comme un rebelle, comme un prêtre méritant les châtiments les plus exemplaires, tant qu'il se refuserait à remplir les graves devoirs de l'obéissance?

Donc mon évêque me fait une injustice, en m'empêchant de monter à l'autel, puisqu'il n'a pas de motifs pour légitimer cette rigueur.

Je dis encore que la justice fait un devoir à Monseigneur Ducellier de me donner une cure. Etant prêtre j'ai le devoir et le droit de vivre, de travailler comme prêtre. Personne ne trouverait bien que je répudiasse mon caractère sacré, pour me faire commerçant, ou avocat, ou tout autre chose. Je suis prêtre, je dois le rester et faire les œuvres du prêtre.

D'un autre côté, j'ai le droit de vivre, d'ambitionner des fonctions honorables qui m'arrachent à la misère ou à une position trop modeste, et qui puissent me poser avec honneur et convenance dans la société. Mais les fonctions, mais les ministères ecclésiastiques, c'est l'évêque seul qui peut me les confier. Aurait-il donc le droit sans manquer à la justice, de mépriser mes aptitudes sacerdotales, de me condamner à l'inaction, à la stérilité, et de me refuser une desservance qui, en me rendant utile au peuple qu'on me désignerait, m'assurerait des ressources convenables pour mes besoins de chaque jour?

Non, Dieu ni la religion ne permettent pas à mon évêque de se moquer d'un de ses prêtres, de le traiter comme un misérable, comme un indigne tandis qu'il ne l'est pas, de lui refuser arbitrairement ce qui peut le faire vivre de la vie du prêtre, ce qui peut le mettre en mesure de se rendre utile à Dieu, à l'Eglise et aux hommes et lui donner une position sociale en rapport avec l'éminence de la dignité qu'il tient de son sacerdoce. Non, l'évêque ne peut pas avoir un droit capricieux de vie ou de mort sur l'honorabilité de ses prêtres. Il ne peut pas, si d'ailleurs ils sont recommandables, les sacrifier à sa passion, à ses rancunes, à ses vengeances, ou à d'autres sentiments condamnables de son cœur. Les prêtres dignes doivent être appréciés comme tels par leurs évêques. Et les traiter en parias sans qu'ils le méritent, leur refuser, parce qu'ils ne sont pas agréables, ce qu'on accorde à tous les autres, c'est commettre une injustice criante, c'est faire acte de barbarie, c'est attirer sur soi la colère de la justice divine et aussi le mépris, la réprobation, l'exécration même de tous ceux qui ont le sentiment du droit, de la dignité des hommes et du respect dû aux prêtres portant avec honneur le poids de leur sacerdoce.

Donc il y a pour l'évêque un devoir de charité et de justice de faire vivre les prêtres dignes de la vie du prêtre, de leur confier le ministère des âmes et de les mettre ainsi en mesure de pourvoir honorablement aux besoins de la vie matérielle.

Donc aussi tout prêtre honorable a un droit de charité et de justice à ce que son évêque se conduise de la sorte à son égard. Car il ne faut pas l'oublier : partout où il y a des devoirs d'un côté, il y a des droits de l'autre. Monseigneur Ducellier me disait un jour à moi-même une parole pleine de sens et digne d'un grand évêque. Il m'affirmait, sans que rien l'obligeât à un pareil aveu, qu'un évêque avait beaucoup plus de devoirs à remplir que de droits à revendiquer.

Oui, Monseigneur, vous avez des devoirs envers l'abbé Rachou. Et l'abbé Rachou, tout pauvre, tout petit qu'il est, a le courage de vous demander que vous remplissiez vos devoirs envers lui, que vous vous incliniez respectueusement devant ses droits et que pour leur donner satisfaction, vous fassiez taire les exigences d'un amour propre déplacé, qui vous pousse à faire de l'arbitraire et du despotisme contre lui. Mais comme depuis 11 mois vous vous obstinez à ne vouloir pas agir conformément à vos devoirs et aux droits de l'abbé Rachou, celui-ci est très-fondé à dire que son évêque commet envers lui une injustice très-manifeste, qu'il peut dénoncer à tous les amis de la justice et de la vérité.

XIV. Plusieurs raisons démontrent la légitimité de l'appel à la conscience publique.

1• J'invoque en faveur de ma thèse l'autorité de 28 professeurs de morale, de l'Archevêque d'Auch, du Nonce du Pape, du Pape lui-même. J'ai dit plus haut que j'avais consulté 28 professeurs de morale, ensuite le Pape jusqu'à cinq fois : et que je puis réclamer en ma faveur le silence de toutes ces autorités, puisque je les avais mises en demeure de parler et qu'elles me savaient prêt à agir avec des éclats très-fâcheux, si elles ne condamnaient pas les principes dirigeant ma conduite. J'ai fait comprendre que la lettre dont le Pape m'a honoré, à propos de ma brochure sur le despotisme des évêques, reconnaît réellement la légitimité de mes plaintes publiques.

J'ajoute que j'ai écrit un très-grand nombre de fois à l'Archevêque d'Auch, supérieur hiérarchique de l'évêque de Bayonne et le mien, qui aurait le droit et le devoir de m'admonester si je faisais fausse route. J'ai écrit aussi plusieurs fois au Nonce de Paris, chargé de veiller au nom du Pape, sur tout ce qui se passe de grave dans l'Église de France. Je leur ai envoyé à l'un comme à l'autre, des exemplaires de ma première brochure et de celle-ci qui est beaucoup plus complète et surtout beaucoup plus concluante à mon avis que la première. Je leur ai envoyé aussi les numéros contenant plusieurs articles publiés par les journaux républicains *l'Avenir de Bayonne* et *l'Indépendant de Pau*, qui ont colporté mes plaintes contre mon évêque dans tous les chefs-lieux de canton et dans un très-grand nombre de communes de notre département.

J'ai provoqué de toutes façons de la part de ces autorités la condamnation de ma conduite, s'il y avait lieu. Je ne comprendrais pas, je l'assure, le silence obstiné qu'ils ont gardé à mon égard, si ma manière d'agir était contraire aux lois de l'Église ou aux droits de mon évêque, si mes plaintes publiques n'étaient pas réellement dans mon droit, comme j'en suis convaincu.

2° Je puis me faire justice moi-même, les supérieurs hiérarchiques et mon évêque me l'ayant refusée. — Je viens de prouver que j'ai des droits de charité et de justice pour que mon évêque ne m'empêche pas de dire la messe et qu'il me donne un poste de curé. Ces droits, comme je l'ai fait remarquer, sont des biens très important, très précieux qui m'appartiennent. Je puis exiger de mon évêque qu'il les respecte ; et s'il ne veut pas le faire, personne ne peut me condamner si j'emploie les moyens que je croirai efficaces pour qu'il m'accorde ce qui m'est dû.

Le moyen légal qui se présentait à moi pour obliger Monseigneur Ducellier à ne pas me rendre victime de mon amour de la justice, c'était de recourir à ses supérieurs ecclésiastiques, à notre Archevêque d'Auch et au besoin au Pape lui-même, chef suprême de tous les évêques et Archevêques de la catholicité. C'est ce que j'ai fait plusieurs fois, mais je dois le dire, sans aucun succès.

Suis-je donc obligé d'abandonner les revendications de mon droit, de ne plus me permettre de rien exiger, au non de la charité et de la justice qui soutiennent mes prétentions ? Non certainement. Le défaut de concours des supérieurs hiérarchiques ne donne pas à mon évêque des droits qu'il n'avait point et ne m'enlève pas ceux que je possédais.

Notre Archevêque et le Pape ne voulant pas venir à mon aide, je puis faire comme s'il n'y avait pas de tribunaux pour faire triompher mon droit; je puis par conséquent me faire justice à moi-même, puisque ceux qui devraient me la rendre me la refusent. Me voilà donc en possession de ma liberté, pour prendre les moyens que je croirai propres à obtenir de mon évêque qu'il me traite selon la justice.

3° Je ne connais pas d'autre moyen efficace pour triompher de l'arbitraire des supérieurs. — Je dois l'avouer; pendant les huit années que je me suis trouvé dans des positions déplaisant à l'autorité diocésaine, parce que je voulais m'occuper de prédication sans être sous l'autorité d'un supérieur, j'ai eu à soutenir en tout trois luttes sérieuses avec l'autorité épiscopale, y compris pourtant mon conflit actuel. Dans chacune de ces luttes, j'ai cru avec une conviction profonde que le droit était avec moi; et mes supérieurs ne se sont jamais appliqués à me démontrer que je me trompais.

Et certes, je dois le dire, je ne comprendrais pas leur conduite, s'ils avaient cru que le droit me fut contraire et qu'ils n'eussent pas cherché à me le prouver. Dans chacune de ces luttes je me suis trouvé en face de supérieurs qui voulaient faire prévaloir leurs idées et qui ne paraissaient pas préoccupés de respecter mes droits. Mais moi j'avais le courage de résister à mes supérieurs, parce que je comptais sur la toute puissance du droit et parce que j'étais convaincu que je pouvais obtenir des supérieurs ecclésiastiques ce que je n'aurais pas osé espérer de supérieurs laïques; qu'on pouvait les forcer à se conduire d'après les exigences de la religion qu'ils représentent et d'après les devoirs de la morale qu'ils prêchent aux autres.

Je dois pourtant le reconnaître. Le seul moyen que j'ai pu imaginer et qui me paraisse efficace pour triompher du parti pris de l'autorité et de tous les moyens dont elle dispose pour faire triompher ses vues, le seul moyen sur lequel j'ai compté, après tout dans tous les temps, ce sont des plaintes devant le public, telles que je les ai déjà produites de diverses façons dans ces trois différentes luttes. Je me suis dit et je me dis encore, qu'au besoin dans le conflit actuel, je prolongerais ces plaintes et par la parole et par l'organe d'une brochure, s'il le fallait dans beaucoup de villes de France; que je reprocherais avec hardiesse partout à mes supérieurs de ne pas se conduire envers moi, comme la religion le leur demande, de préférer le scandale, plutôt que de reconnaître qu'ils se sont trompés et de réparer leurs fautes.

Oui, je le répète, les plaintes publiques dans les rues des villes, soutenues par le langage invariable d'une brochure qui mettrait avec évidence le droit de mon côté et le tort du côté de mes supérieurs, voilà la seule arme sérieuse que j'ai trouvée dans mes réflexions, pendant 8 ans, pour triompher finalement de supérieurs décidés à ne se rendre qu'à la dernière extrémité.

Mais je le demande, ne faut-il pas un moyen de défense entre les mains des petits et des faibles, pour réagir avec succès contre l'omnipotence des grands? Faut-il que tous les droits soient du côté des puissants de ce monde et que les inférieurs, les sujets n'aient d'autre parti à prendre que celui de subir en silence le sort des vaincus, de se résigner sans avoir à formuler aucune plainte, à toutes les humiliations, à tous les abus, à tous les excès de pouvoir qu'il plaira à leurs supérieurs de leur infliger? Mon avis est que la Providence de Dieu, qui veut l'ordre, la paix et l'harmonie dans tous les êtres de la création, serait en défaut si les petits et les subordonnés ne pouvaient pas combattre sérieusement les passions, les faiblesses, l'arbitraire ou le despotisme des hommes placés hiérarchiquement au dessus d'eux.

4° On ne pourrait pas punir finalement un prêtre qui se plaindrait jusqu'à ce qu'on lui eût promis de ne point le punir pour son amour de la justice. — D'après moi les plaintes publiques sont un moyen infaillible entre les mains d'un prêtre courageux pour obtenir justice de ses supérieurs. Je ne vois pas comment, même les supérieurs ecclésiastiques pourraient fermer la bouche à un prêtre victime d'une injustice évidente, qui serait bien décidé à se plaindre dans les différentes villes de France, une brochure à la main, jusqu'à ce qu'on lui eut promis de ne pas lui faire porter la peine de son courage à poursuivre le triomphe du [droit.

Quant à moi, je le déclare, je suis prêt à m'incliner devant les décisions de la cour de Rome. Le Pape est le chef suprême de l'Eglise: il est infaillible d'après l'enseignement catholique, qu'accepte avec sincérité tout prêtre digne de son état, comme tout bon catholique méritant bien ce nom. Si donc le Souverain Pontife condamnait, quoique je ne m'y attende nullement, la légitimité de l'appel à la concience publique, lorsque les supérieurs ne veulent pas agir selon la justice et les autres lois morales, je me soumettrais avec une docilité d'enfant, et je me garderais bien d'avoir la folle prétention d'entendre mieux les intérêts de l'Eglise et les exigences de la justice que le Vicaire de Jésus-Christ.

Mais on peut supposer à ma place, un prêtre moins attaché au dogme catholique qui impose la croyance à l'infaillibilité du chef auguste de notre religion. On peut supposer un prêtre qui se sent révolté à la vue de l'obstination que l'on mettrait à ne vouloir pas le traiter suivant le droit, et qui serait décidé à se plaindre, successivement dans toutes les villes de France, de ce qu'on veut le rendre victime de son amour de la justice, de ce qu'on veut le punir, parce qu'il exige que les supérieurs ecclésiastiques agissent envers lui, d'après les prescriptions des lois morales dont ils sont les soutiens et les défenseurs.

Quels sont les hommes qui ne sont pas aveuglément attachés aux enseignemeuts de l'Eglise et décidés à accepter sans examen les décisions de son chef suprême, qui condamneraient la conduite de ce prêtre voulant absolument le triomphe du droit sur l'arbitraire, le caprice el le mépris des hommes ? Comprendraient-ils que les supérieurs ecclésiastiques agiraient avec raison, s'ils voulaient poursuivre de leurs rigueurs ce prêtre, à qui l'on ne pourrait reprocher autre chose que de vouloir absolument que les supérieurs ecclésiastiques pratiquent envers lui la morale qu'ils prêchent aux autres ?

Ils comprendraient plutôt qu'une punition exemplaire serait due aux supérieurs eux-mêmes quelque élevés qu'ils soient, qui pour n'avoir pas à se déjuger, à reconnaître qu'ils se sont trompés, qu'ils ont payé tribut à la faiblesse humaine, préféreraient voir un prêtre se plaignant successivement dans toutes les villes de France, de ce qu'ils ne veulent pas pratiquer eux-mêmes la religion, de ce qu'ils ne se soucient pas d'observer la justice, comme ils demandent de le faire à quiconque veut être bon chrétien.

Ah ! il me semble que tous les hommes n'ayant pas de parti-pris contre la vérité et l'évidence, se sentiraient profondément indignés, qu'ils crieraient à l'injustice, à un despotisme révoltant, à un mépris inexplicable des choses, des hommes et des intérêts bien entendus de la religion, si on pouvait leur dire qn'on veut à tout prix faire payer très-cher à un prêtre le courage qu'il aurait de demander de suivre en pratique les lois de la charité et de la justice auxquelles les supérieurs sont obligés de croire.

Oui, ma conviction profonde est, que si les supérieurs ecclésiastiques et le Souverain Pontife étaient capables, ce que je ne puis pas admettre en aucune façon, du moins pour le St-Père, s'ils étaient capables, je le répète, de vouloir punir finalement un prêtre contre qui l'on n'aurait d'autre grief que de demander absolument le triomphe du droit sur l'arbitraire et les abus de pouvoir des évêques, et d'être décidé à se plaindre sans relâche jusqu'à ce que la victoire lui restât, ils devraient nécessairement s'incliner devant le verdict de l'opinion publique, qui protesterait avec indignation contre le mépris insolent que l'Eglise afficherait ainsi pour les exigences de la justice et des autres vertus morales.

J'ai donc eu raison de dire avec hardiesse à mon évêque de Bayonne, avec qui j'ai à lutter aujourd'hui, qu'avec mon courage et ma détermination inébranlable de poursuivre la querelle jusqu'au bout, la victoire devra définitivement rester au droit, à la justice et non à l'arbitraire, au despotisme, aux passions humaines contre lesquelles même des évêques ne se mettent pas toujours assez en garde.

Oui, Monseigneur Ducellier, si le droit est avec l'abbé Rachou, comme vous lui donnez tout lieu de le croire, n'ayant jamais travaillé à lui prouver le contraire, il faudra que ce prêtre, tout petit, tout pauvre, même tout méprisé qu'il est, car beaucoup d'hommes prennent instinctivement et avec passion fait et cause contre les inférieurs et en faveur de l'autorité, il faudra, dis-je, que ce petit prêtre reçoive finalement les honneurs du triomphe.

Et ce sera là un hommage éclatant rendu à la puissance du droit, contre l'arbitraire et les excès d'autorité très possibles, même aux évêques les plus recommandables.

5o L'inférieur peut punir par le mépris public, le mépris que ferait le supérieur de son droit. — Voici une raison philosophique bien concluante d'après moi, pour établir la légimité de l'appel à l'opinion pnblique.

Quiconque pêche mérite d'être puni par où il a péché. Or, mon évêque de Bayonne en s'obstinant à ne vouloir rien m'accorder, pas même de dire la sainte messe, a méprisé toutes mes réclamations, tous les efforts que j'ai faits pour obtenir satisfaction, sans avoir à recourir à des plaintes publiques que je déplore profondément ; il a méprisé le devoir qu'il y a pour lui de me traiter selon la justice et de m'accorder des choses qu'il n'est pas libre de me refuser ; il a méprisé l'obligation que la religion lui impose de ne pas laisser faire le scandale que causeront nécessairement mes plaintes en parvenant à la connaissance du public de nos villes. Il mérite par conséquent, je le répète, d'être puni par où il a péché. Et puisqu'il méprise les devoirs que la charité, la justice et la religion lui imposent à l'égard de l'abbé Rachou, il mérite qu'à mon tour je soulève contre lui le mépris de tous les amis de la justice, comme châtiment très légitime du mépris qu'il fait lui-même de ses devoirs et de mes droits. Il mérite que j'excite contre lui, par mon écrit et par les accents de ma parole, l'indignation de tous ceux qui ne sont pas d'avis que la force brutale doit étouffer le droit, que les petits doivent toujours être écrasés par l'omnipotence des grands, quand même ils auront mille fois raison, et que les supérieurs ecclésiastiques peuvent afficher sans en porter la peine, le mépris impertinent des lois de charité de justice et de respect dû aux prêtres dignes.

6° On peut employer les moyens les plus simples, les plus expéditifs pour obtenir justice. — Il est permis à celui qui a reçu une injustice d'employer pour obtenir réparation les moyens les plus simples, les plus économiques, les plus expéditifs, pourvu qu'ils ne soient pas coupables en eux-mêmes. Ceux qui sont les auteurs de cette injustice ne peuvent pas exiger qu'on ne s'adresse qu'aux tribunaux compétents, si par ailleurs l'intéressé trouve des moyens honnêtes pour les obliger à remplir leurs devoirs. Le tribunal de l'opinion publique est un tribunal très légitime, pourvu que la grande partie des hommes soit en état d'apprécier, s'il y a injustice oui ou non, dans les faits qu'on soumet à son jugement. Si les affaires qu'on porterait devant lui sont obscures, si elles échappent au bon sens commun des hommes, si elles demandent, pour qu'on les juge équitablement, la connaissance des lois civiles ou ecclésiastiques, il n'est pas raisonnable, ni juste par conséquent, de les porter devant le tribunal de l'opinion publique, parce que la plupart des hommes n'ont ni le temps, ni la volonté d'étudier les lois humaines, pour être en état de porter un jugement sérieux sur les affaires dont on leur parlerait.

Mais, par exemple, qui ne comprend que mon évêque me fait une injustice, en voulant me rendre moi-même victime de mon amour de la justice et du droit, du courage que j'ai à demander qu'il se conduise envers moi d'après les exigences de la religion ? Qui ne comprend encore que M. Lassalle curé de Ste-Marie, m'a fait un tort très réel qu'il aurait dû me réparer, en m'enlevant de sa propre autorité le provisoire de la commune d'Aren que mon évêque m'avait confié, et en prenant des mesures pour que Monseigneur ne songeât plus à me nommer curé de cette commune où il me voulait auparavant ?

Si tout homme de bon sens est apte à juger qu'il y a injustice dans la conduite de M. Lassalle et de Monseigneur envers moi, pourquoi ne ferais-je pas porter à tout le monde une sentence contre ces Messieurs ? Peuvent-ils exiger que je leur épargne la honte d'être condamnés partout le monde quoiqu'ils le méritent ?

N'est-il pas permis d'ailleurs de prendre les coupables par leur côté sensible ? C'est un amour propre fort détestable qui a empêché M. Lassalle de m'envoyer de nouveau à Aren, parce qu'il aurait dû reconnaître qu'il avait fait mal de m'en chasser sans motif suffisant. C'est un amour propre également répréhensible qui porte Monseigneur à ne pas revenir sur sa parole, lorsqu'il a dit que je ne pourrais rien obtenir de lui par la force. Cet amour propre qui l'inspire peut-être sans qu'il s'en doute, lui fait préférer le scandale très-grand causé par mes plaintes légitimes, plutôt que de me traiter comme la charité et la justice l'exigeraient.

Mais ne puis-je pas porter de rudes coups à cet amour-propre de mes supérieurs qui m'est très préjudiciable, en attirant sur leur conduite envers moi le blâme et la condamnation de tous ceux à qui je donne connaissance de ce que j'ai à leur reprocher ? Est-ce que la honte qu'ils éprouvent de voir que la plupart de mes lecteurs prendront fait et cause pour moi, qu'ils critiqueront fortement leur obstination à me refuser justice, n'est pas un motif puissant pour les déterminer à faire cesser mes réclamations importunes, le plutôt qu'il sera possible ? Ont-ils le droit de se plaindre, eux qui sont coupables envers moi, de ce que je leur inspire de la honte, de ce que je les force en les prenant par leur amour-propre à remplir des devoirs dont ils voudraient se débarasser ? Peuvent-ils me faire un crime de ce que je n'ai pas recours aux tribunaux ecclésiastiques, de ce que je ne me condamne point par là à beaucoup de dépenses, d'ennuis, de pertes de temps, d'incertitudes sur le sort de mon affaire, tandis que je trouve dans leurs sentiments d'honneur un point d'appui très solide, pour les forcer à me rendre une justice dont ils ne se soucient pas ?

Non, dans une affaire où tout le monde peut apprécier l'injustice que je dénonce à tous les amis du droit, on ne peut pas me condamner de ce que je chercherais à obtenir satisfaction sans m'adresser, ni à notre Archevêque d'Auch, ni au Pape, — ce que j'ai pourtant fait mais sans succès — de ce que je me contenterais de piquer l'amour propre et de réveiller la honte de mes contradicteurs en me plaignant partout de leur conduite très-blâmable, de ce que je prendrais ainsi le chemin le plus court pour arriver à des réparations qui me sont dues ; de ce que je laisserais de côté les tribunaux réguliers pour faire agir en ma faveur le tribunal impitoyable de l'opinion publique, si portée à exiger, et elle a raison, que les prêtres et les évêques respectent dans leur conduite la morale et la religion qu'ils prêchent aux autres, et auxquelles ils sont obligés de croire sous peine de se montrer indignes de leurs profession.

XV. Le scandale de mes plaintes ne retombe pas sur moi mais uniquement sur mon évêque.

Je crois l'avoir bien établi : un prêtre victime d'une injustice de la part de ses supérieurs ecclésiastiques et qui ne peut pas en obtenir réparation, a le droit, après avoir averti les intéressés, de dénoncer à l'opinion publique, aux critiques, aux condamnations, aux mépris même de tous les amis de la justice, la conduite d'un évêque ou de tout autre supérieur qui s'obstinerait à ne vouloir pas réparer une faute commise et à ne pas traiter ce prêtre suivant son droit. Mon évêque de Bayonne, qui depuis onze mois me fait des rigueurs que je ne mérite en aucune façon, et qui ne veut à aucun prix m'accorder des choses auxquelles j'ai un droit très-certain, mérite donc que je lui fasse porter la peine devant le public du mépris qu'il fait de ses devoirs envers moi.

Mes plaintes j'en conviens, causent du scandale. Mais je le demande, de quoi est-on scandalisé ? Est-ce de ce que je veux absolument obtenir une justice qui m'est dûe de la part de mon Évêque, et que j'emploie pour y arriver des moyens dont j'ai bien prouvé la légitimité, ou bien n'est-ce pas plutôt de ce qu'un homme si élevé en dignité dans l'Église me refuse une justice qu'il me doit, de ce qu'il veut que les exigences de son amour-propre l'emportent sur les exigences de la belle morale de l'Evangile qu'il devrait pourtant être le premier à respecter, de ce qu'il préfère le scandale causé par mes plaintes éclatantes, plutôt que de remplir ses devoirs et de donner satisfaction à mes droits ?

Non, ce n'est pas mon amour de la justice qui cause du scandale. Mais c'est le mépris de la justice, c'est le mépris des lois morales dont se rend coupable l'évêque de Bayonne, en ne voulant pas agir envers moi comme il le devrait, qui scandalise réellement, qui excite dans les âmes de tous mes lecteurs impartiaux des sentiments d'indignation, des protestations énergiques en faveur du droit qu'ont les petits et les opprimés d'exiger que les représentants les plus autorisés du devoir et de la morale ne mettent pas leurs actes en opposition flagrante avec les principes civilisateurs, qu'ils ont mission de défendre contre les attaques incessantes des passions humaines.

Ah ! si j'avais publié mes brochures et produit mes protestations énergiques devant le public sans avertir mon contradicteur, sans lui avoir donné le temps de tout empêcher; si surtout j'avais cherché à divulguer sa conduite condamnable envers moi, quand même il m'aurait proposé d'en réparer les fâcheux effets, oh alors sans doute c'est moi qui serais coupable, et Dieu et les hommes me reprocheraient avec fondement la gravité du scandale que j'aurais produit en agissant de la sorte. Mais j'ai fait tout au monde pour n'être pas obligé d'en venir à des éclats qui, à mon propre jugement, portent un préjudice incontestable aux intérêts de la religion. J'ai écrit beaucoup de lettres à mon évêque. Je lui ai fait bien comprendre combien j'étais décidé à vouloir absolument le triomphe du droit sur son arbitraire et sur son refus de justice. Je lui ai répété plusieurs fois que s'il me présentait une décision de la cour de Rome condamnant les principes qui dirigent ma conduite je le laisserais tranquille; que je ne voulais à aucun prix employer pour le triomphe de mes prétentions des moyens opposés aux lois de l'Église. Je lui ai donné aussi connaissance de mes brochures avant de les livrer à la publicité.

Je puis donc dire avec raison que j'ai bien déchargé ma conscience; et que si le public est informé de sa conduite condamnable à mon égard, c'est bien parce qu'il l'a voulu, plutôt que d'agir comme l'intérêt spirituel des âmes, comme la raison, la justice et la conscience humaine l'auraient demandé.

On le voit donc, et tous mes lecteurs n'ayant pas de parti-pris doivent le comprendre sans peine : le scandale causé par mes plaintes très légitimes ne retombe nullement sur moi, qui ai le droit d'exiger une justice qui m'est due, mais sur mon adversaire quelque honorable qu'il soit, qui se refuse à se conduire conformément à la religion dont il est le ministre si élevé, dont il devrait avant tout sauvegarder les intérêts et respecter les exigences.

XVI. Dieu veut que je fasse triompher le droit.

Dieu le veut, Dieu est avec moi, voilà un langage qui est sorti bien des fois du fond de ma conscience avec une conviction profonde, avec la certitude que je ne me trompais pas. J'ose affirmer que je crois avoir été choisi pour être l'instrument de la Providence, en contribuant à obtenir que les évêques gouvernent plus souvent qu'ils ne font d'après les maximes de l'Evangile, d'après les lois morales qu'il renferme, et non d'après les conseils des passions humaines dont la consécration épiscopale ne les a pas entièrement affranchis. J'ai du moins quelques caractères auxquels on reconnaît les hommes dont Dieu se plaît à se servir, souvent pour opérer des merveilles.

On sait que d'après l'Ecriture Sainte, Samson avec une machoire d'âne tua des milliers de Philistins. L'apôtre St-Paul dit : *Infirma et contemptibilia mundi elegit Deus ut confundat fortia. Dieu choisit ce qui est faible et méprisable selon le monde, pour confondre les sages et les forts.* Le Prophète David affirme que Dieu se plaît à prendre le pauvre, le misérable dans son fumier, pour le placer parmi les princes de son peuple. C'est dans la classe de la société la plus pauvre, la plus méprisable, parmi des pêcheurs de profession, que Jésus-Christ a été prendre les apôtres dont les prédications soutenues par des miracles éclatants devaient transformer le monde et le convertir à son Saint Evangile.

Je trouve facilement dans ma personne les caractères de bassesse que je viens d'énumérer, et que l'on rencontre souvent dans les élus de Dieu pour réaliser de grandes choses dans le monde. Je suis pauvre et très-pauvre par mon origine, et aussi par les insuccès que j'ai eus, en poursuivant la carrière de la prédication pour laquelle j'avais reçu, je le crois, de belles qualités, mais accompagnées de défauts très importants dont je n'ai pas pu me défaire. Les mépris, les critiques, les humiliations de plus d'un genre ne m'ont pas manqué depuis 8 ans, et parce que je m'obstinais à vouloir réussir comme prédicateur tandis que je n'aboutissais pas, et parce que j'ai soutenu avec l'autorité des luttes très-impopulaires auprès de mes confrères, comme aussi parmi les gens du monde qui, en général, ne se font pas une idée de la toute-puissance du droit, du moins lorsqu'on lutte avec des évêques obligés de marcher selon la religion et la conscience. Combien d'hommes et plus encore de femmes m'ont traité, peut-être des milliers de fois, de fou, d'extravagant, d'entêté sans mesure et d'autres choses probablement encore ?

Je réunis donc les caractères du mépris de la part des hommes à un degré remarquable, pour prétendre, sans être taxé de folie de ce côté-là, à l'honneur d'être l'instrument de Dieu pour quelque chose d'utile.

En général, ceux que Dieu choisit de la sorte pour ainsi dire dans la tourbe des hommes, se distinguent par de grands sentiments de vertu, par une humilité profonde, par un mépris très marqué pour tous les biens de la terre. Est-ce que je vais avoir l'audace de m'attribuer quelqu'une de ces qualités si recommandables ? Oui certainement, lecteurs. Et je fais cette réponse si nette sans aucun sentiment de vanité personnelle, uniquement dans l'intérêt de la gloire de Dieu et pour assurer plus facilement le triomphe de la justice que je poursuis avec toute l'ardeur de ma nature.

Je vais à présent dire, sous la foi du témoignage divin, les choses qui prouveront cette affirmation si hasardée, si l'on veut même si invraisemblable. Ce serait une folie de me contenter d'affirmer, avec ma seule parole d'homme, des choses si en opposition avec les apparences qui sont attachées à ma conduite, fort condamnée par beaucoup d'hommes très respectables. Mais si je parle sous l'autorité du serment, on devra me supposer, ou un prêtre sans conscience, sans vertu, puisque je serais capables de parjure, ou bien un prêtre très favorisé du ciel au point de vue des inclinations morales sur des points très importants. J'ose croire que mon âme se peindra assez dans mon écrit telle qu'elle est, pour que tous les hommes sans pasion croient à ma sincérité et à mon respect pour le serment.

Voici donc ce que je vais affirmer plus bas comme très vrai, après en avoir appelé au témoignage de Dieu.

1º Depuis l'âge de 20 ans, je me suis toujours senti les goûts, les désirs et les inclinations d'un bon prêtre. Je n'ai jamais regretté d'avoir embrassé la carrière sacerdotale.

2º Jai soutenu depuis 8 ans, avec une persistance inébranlable, contre deux autorités ecclésiastiques, trois luttes très sérieuses, y compris celle dont j'occupe mes lecteurs en ce moment. Beaucoup de confrères et d'hommes très sérieux qui me voulaient du bien, m'ont déclaré que je devais être dominé, pour m'obstiner ainsi dans ces luttes, par un orgueil sans mesure. Et j'ose affirmer que je ne crois nullement avoir à combattre la tentation de l'orgueil. Je me crois humble et très humble par le don du Créateur, plutôt que par l'effort de ma vertu. Voici ce qui le prouve.

3º J'ai surveillé souvent les premiers mouvements, les mouvements instinctifs de la nature que les philosophes appellent *motus primo primi* ; et j'ai toujours constaté que la seule chose à laquelle j'étais réellement sensible, c'était, non pas ce qui se rapportait à mon honneur, à ma considération devant les hommes, mais ce qui pouvait être utile pour le bien en lui-même, pour Dieu, pour la religion et le salut des âmes.

4º Depuis 12 ans j'ai éprouvé bien des revers, des épreuves, des contradictions, des déceptions de toute sorte. Et bien je ne me souviens pas qu'il m'ait fallu jamais cinq minutes pour me réjouir sans effort et sincèrement dans mon âme, pour remercier Dieu de ce qu'il m'humilliait, de ce qu'il me contrariait dans mes désirs et mes espérances.

5º Dans mes trois luttes avec mes supérieurs ecclésiastiques et plus particulièrement dans la présente qui a inspiré mes brochures, je me suis trouvé dans un grand isolement. Beaucoup de confrères et d'hommes très estimables m'ont contrarié, m'ont condamné, m'ont témoigné même un grand mépris. Ils ont paru persuadés que je poursuivais des chimères, que je travaillais à ma ruine, en voulant avoir raison de supérieurs tout-puissants. Rien de tout cela ne m'a jamais ému, ni ne m'a causé de la tristesse. J'ai espéré toujours fortement, il est vrai, faire triompher le droit à force de courage, d'énergie, de prudence et de tenacité. Mais je n'ai jamais éprouvé aucun regret, que je sache, de voir que tant d'hommes ne voulaient pas partager mes espérances et qu'ils me retiraient leur estime, tandis que je croyais la mériter.

6° J'aime les grandes choses et la nature me pousse à les rechercher avec ardeur. J'ai poursuivi pendant longtemps une grande perfection intellectuelle : j'ai espéré arriver à une grande science, à une éloquence distinguée, à un talent remarquable d'écrire. Et bien, ce qui me réjouissait véritablement dans la confiance que j'atteindrais ces belles choses, c'est non pas de recueillir les honneurs, les louanges ou la gloire des hommes dont je ne tiens aucun cas, mais uniquement d'être par là plus apte à faire du bien pour Dieu, pour la religion, pour le salut et la perfection des hommes.

7° Je suis porté avec une tenacité invincible, à poursuivre et à faire triompher à mon avantage ma lutte actuelle avec l'évêque de Bayonne, d'ailleurs très estimable. Et bien, la conscience me dit ce que je recherche, ce que j'ambitionne réellement, ce n'est pas le plaisir d'une satisfaction personnelle, la gloire d'avoir remporté victoire sur un évêque très intelligent et très distingué, mais le bonheur de faire triompher le droit et la justice, de contribuer par un exemple à faire comprendre combien, d'après la religion de Jésus-Christ, les hommes ont droit à ce qu'on respecte leurs biens, leurs droits, leur liberté, leur dignité.

8° Après les trois luttes que j'ai soutenues avec l'évêque actuel de Bayonne et l'administration ancienne dans les derniers jours de Monseigneur Lacoix, on m'a imposé pour pénitence, avant de m'accorder ce que je demandais ou de me rendre la messe qu'on m'a enlevée dans deux de ces luttes, on m'a imposé, dis-je, de faire huit jours de retraite dans une maison ecclésiastique. J'ai accepté cette condition avec une docilité d'enfant et un véritable bonheur. J'ai fait cette retraite de mon mieux, dans un silence absolu, avec tout le sérieux, tout le recueillement dont j'étais capable, faisant quatre fois par jour une heure de méditation. Dans chacune de ces retraites j'ai consacré spécialement cinq jours à me demander quatre fois par jour, très sérieusement, sans aucun parti pris, en face de mon Dieu, de la mort et de l'éternité, si je devais me reprocher d'avoir résisté à mes supérieurs, d'avoir défendu mon droit avec une tenacité indomptable, d'avoir fait des éclats très fâcheux à mon propre avis. Et bien, je le déclare, la conscience ne m'a jamais inspiré un seul remords pour avoir employé des armes si funestes dans l'intérêt de ma défense, parce que j'avais toujours donné à mes supérieurs le temps de tout empêcher.

J'ai été passer à Lourdes le mois d'octobre dernier tout entier. J'ai été y demander à la sainte Vierge, tous les jours pendant une heure, en face de la grotte miraculeuse, qu'elle m'éclairât et qu'elle me fît comprendre si je devais oui ou non faire triompher à tout prix la légimité des plaintes publiques telles que je les ai faites à Orthez. Et pour obtenir plus facilement les lumières de Dieu par la protection de la sainte Vierge, j'ai jeûné en faisant maigre et en me privant de vin tous les jours, excepté le Dimanche. Et à Lourdes non plus je n'ai pas éprouvé le moindre remords pour ce que j'avais fait pendant mes diverses luttes en particulier dans la dernière, pour faire respecter ce que je croyais très fermement être mon droit. Au contraire,

9° Dans tous les temps, pendant ces huit années, je me suis senti souvent bien encouragé par le témoignage très calme de ma conscience. Et quelque chose me disait très fortement dans l'intérieur de mon âme, que je pouvais être tranquille, que Dieu ne désapprouvait pas ma conduite envers mes supérieurs. La conscience me disait souvent, avec la conviction que je ne me trompais pas : Dieu le veut, Dieu avec toi, marche en avant ; n'aie pas peur. Dieu veut que son Evangile et ses lois morales prévaillent dans le gouvernement des hommes, surtout de la part des évêques, sur les exigences de l'orgueil humain et des intérêts de ce monde. Or je le déclare :

10° Je me suis senti de tout temps, tout à fait détaché de mes vues personnelles, prêt à les abandonner, même les plus chéries, si Dieu me le demandait. Et je crois être sûr que, tous les jours et dans tous les moments de mes luttes, j'aurais renoncé à tout sans aucune peine, si j'avais pu me persuader que c'était la volonté du ciel et que je devais me résigner à la défaite, après avoir poursuivi avec confiance la victoire.

Je prie tous mes lecteurs, principalement les personnes religieuses, de remarquer ceci : De tout ce que je viens de dire il résulte, si je ne me trompe pas et si je ne cherche pas à tromper, comme le croiront certainement tous ceux qui ne sont pas prévenus contre le langage d'un prêtre fait pour inspirer confiance, il résulte, dis-je, que ma nature ne me porte pas à l'orgueil, ni au triomphe dans mes luttes pour ma satisfaction personnelle, et que la conscience ne m'a jamais inspiré de remords pour les éclats publics avec lesquels j'ai soutenu mes droits contre diverses autorités épiscopales. Or, je l'affirme encore avec assurance : avec les dispositions de mon âme telles que je les ai décrites, avec les encouragements si manifestes que j'ai éprouvés pour garder mon amour pour le droit et la justice, avec tant de prières ardentes que j'ai adressées au ciel, pour savoir si ma résistance aux désirs de mes supérieurs était contraire à la volonté de Dieu, il faudrait dire que si je me trompe, si mes luttes soutenues avec tant de confiance et de fermeté étaient contraires à l'esprit de la religion, Dieu ne communique pas ses lumières à ceux qui les lui demandent et qui le cherchent sincèrement lui-même. Il faudrait dire que sa Providence est en défaut, qu'il abandonne au hasard, au caprice des inspirations et des inclinations personnelles, les déterminations les plus importantes de notre vie ; qu'il n'a aucun souci de faire connaître aux hommes ce qui lui plaît ou ce qu'il n'approuve pas. Soutenir de pareilles affirmations, ce serait blasphémer contre le dogme de la Providence dans le gouvernement des choses et des hommes.

Voilà dans ce qui précède ces dernières lignes, bien des déclarations, bien des sentiments à mon avis fort dignes de Dieu et d'un homme destiné à être l'instrument de ses œuvres. Eh bien :

En présence de Dieu invoqué comme témoin. — Je déclare à tous mes lecteurs, comme si je devais mourir et paraître à l'instant devant mon juge souverain, que j'ai lu avec grande attention tout ce qui est renfermé dans ces 10 numéros divers; que j'ai bien pesé la valeur des termes et que je crois avec certitude que tout y est conforme à la vérité, ou à mes convictions profondes, et à ce qu'il me semble avoir éprouvé dans le fond de mon âme et dans ses impressions.

Que Dieu me punisse de ses plus terribles châtiments, si j'affirmais rien contre le témoignage de ma conscience; qu'il me précipite à l'instant au plus profond des enfers, comme un grand scélérat, comme le plus méprisable des prêtres.

Après cela je ne dis plus rien à mes lecteurs. Je les prie seulement de bien examiner la valeur des affirmations ci-dessus placées sous l'égide du témoignage de Dieu lui-même, et de se demander ensuite, si réellement je suis aussi fou, aussi condamnable, aussi digne de mépris que certaines gens prévenus veulent le supposer et le dire, parce que je veux contribuer, par un exemple éclatant, au triomphe plus complet des lois morales de l'Évangile, sur les préoccupations mesquines de la vanité humaine dans le gouvernement de l'Église, qui doit être le plus parfait et le modèle de tous les autres gouvernements.

Géronce, le 25 Avril 1882.

l'Abbé Rachou.

TABLE.

Pau, Imprimerie TONNET.